Henrik Stannow

CKM FÖRLAG

CKM Förlag AB, Box 49109, 100 28 Stockholm
info@ckm.se - www.ckm.se
Tryck Instant Book, Stockholm 2014
ISBN 978-91-7040-121-3

Förord

Denna reviderade och uppdaterade upplaga 2014 av Musikjuridik har som underrubrik Handbok om upphovsrätt och musik. Den behandlar i huvudsak den så kallade egentliga upphovsrätten, d.v.s upphovsmännens rättigheter och skydd enligt upphovsrättslagen.

Tidigare upplagor har också innehållit särskilda avsnitt om närstående rättigheter och avtalsfrågor. Dessa områden behandlas även nu, men mer översiktligt.

För att göra boken lättare att hantera har bland annat ett tidigare omfattande appendix med kontraktsformulär, anslutningskontrakt, internationella överenskommelser m.m. samt en bilaga med information från branschorganisationer utgått. Sådan information kan numera enklast och framförallt i aktuell version hämtas på hemsidor från myndigheter, organisationer m.fl.

Den aktuella versionen av upphovsrättslagen, Lag (1960:729) om upphovsrätt till litterära och konstnärliga verk, finns med som bilaga.

Den 1 november 2013 trädde vissa ändringar i upphovsrättslagen i kraft. De gäller i huvudsak följande:

- utvidgade möjligheter att genom så kallade avtalslicenser få tillgång till skyddade verk
- skyddstiden för utövande kontnärers och framställares rättigheter till ljudupptagningar har förlängts från 50 till 70 år
- skyddstiden för musikaliskt verk med text, där musik och text skapats speciellt för verket, skall gälla i 70 år efter den sist avlidne upphovsmannen.

Författaren 2014

Innehåll

KAPITEL 1

ABC om upphovsrätt och avtal

Introduktion

Detta inledande avsnitt sammanfattar en del grundläggande information - om upphovsrättens huvudinnehåll, om organisationer som tillvaratar dina rättigheter på musikområdet, om några viktiga ofta förekommande avtal samt ger några tips och råd om vad du bör tänka på i avtalssammanhang. Det är fråga om olika typiska situationer som du som låtskrivare/kompositör, bearbetare, textförfattare, artist och musiker kan ställas inför i det praktiska arbetet. På det så kallade populärmusikaliska området innehar ju ofta en och samma person flera av dessa roller, vilka bör beaktas var för sig när avtal skall ingås.

Avsnittet vänder sig i första hand till dig som ännu är oerfaren på området och som är på väg in i eller nyligen har gett dig in i musikbranschen. Det riktar sig också till dig som till exempel i utbildningssammanhang önskar en första mer översiktlig bild av upphovsrätten och dess tillämpning i praktiken. Det bygger i allt väsentligt på det övriga innehållet i denna bok. Läsaren kan alltså komma att känna igen sig då och då i texten. Men se gärna det som en förhoppningsvis matnyttig repetition.

*

Upphovsman, utövande kostnär

Det är du som skapar eller framför musik som är själva förutsättningen för musikindustrin.

Du har genom upphovsrättslagen (Lag (1960:729) om upphovsrätt till litterära och konstnärliga verk) tillförsäkrats en ensamrätt till dina prestationer.

Det innebär enligt huvudregeln att du och ingen annan bestämmer om musiken skall få användas och på vilka villkor. Du har därmed också rätt till ersättning för de utnyttjanden som du ger tillstånd till, d.v.s. att ta betalt för den användning som sker.

Du är låtskrivare/kompositör, bearbetare/arrangör, textförfattare (skapar ett verk = **upphovsman** enligt upphovsrättslagens terminologi)

Du är artist/musiker (sjunger eller spelar ett verk = **utövande konstnär** enligt upphovsrättslagens terminologi)

Det är inte ovanligt, särskilt på det så kallade populärmusikaliska området, att du innehar två eller flera av dessa roller; du är till exempel både låtskrivare och sjunger och spelar din egen låt.

Din musik kan som bekant användas på många olika sätt och på många olika platser.

Den kan spelas offentligt på en konsert, spelas i radio eller TV, fildelas på internet, spelas in på en grammofonskiva, säljas i butik eller utnyttjas på många andra sätt.

Det är inte möjligt för dig att ensam kontrollera alla olika utnyttjanden, både i Sverige och utomlands. Du behöver professionell hjälp på området, du skall ju också ha tid för din uppgift – att skriva låtar och spela.

STIM, NCB och SAMI

Till en början bör du ta kontakt med följande organisationer:

STIM

Du som är **upphovsman** (se ovan) bör så fort som möjligt ansluta dig till STIM. Anslutning är gratis. Det enda kravet är att en av dina låtar/texter har spelats för allmänheten eller spelats in.

STIM tar för din räkning in ersättning för alla slags offentliga spelningar (överföring till allmänheten och offentligt framförande), till exempel i radio och TV och på konserter. Genom STIMs avtal med motsvarande utländska organisationer inkasseras också ersättningar för spelningar utomlands. Ersättning utbetalas därefter fortlöpande till den anslutne.

NCB

När du ansluter dig till STIM blir du som **upphovsman** automatiskt ansluten också till NCB. Medan STIM inkasserar ersättning för offentliga spelningar av alla slag, tar NCB in ersättningar från grammofonproducenter, filmbolag och andra framställare, som vill använda dina verk på grammofonskivor, CD, film, video m.m. Det är här alltså fråga om ersättning för framställning av exemplar. Genom NCBs avtal med utländska organisationer får du också ersättning för inspelningar och exemplarframställning som skett utomlands.

SAMI

Du som är **utövande konstnär** (se ovan) skall se till att din medverkan på ljudinspelningar (grammofonskivor, CD m.m.) inrapporteras till SAMI. När det finns pengar att hämta blir du anmodad att ansluta dig. SAMI tar för din räkning in ersättningar för spelning av grammofonskivor och CD m.m. i radio och TV och i andra offentliga sammanhang . Genom SAMIs avtal med utländska organisationer får du ersättning också för spelningar utomlands.

Så här kan anslutning till **STIM, NCB** och **SAMI** också i korthet beskrivas:

STIM och	**NCB**	**SAMI**
tar betalt för offentliga spelningar av alla slag	tar betalt för inspelningar på CD, film m.m.	tar betalt för offentliga spelningar av CD och andra skivinspelningar
Betalar ut ersättning till låtskrivare/textförfattare/förlag		Betalar ut ersättning till artister/musiker

När du nu väl är ansluten till STIM, NCB och SAMI behöver du inte längre oroa dig för de viktiga delar av upphovsrätten som dessa organisationer bevakar för din räkning. De är en av grundförutsättningarna för en effektiv och säker handel med upphovsrätt både nationellt och internationellt. Men du kan i alla fall inte slå dig till ro, om du vill vara säker på att få ut rimlig ersättning för annan användning av din musik. Det är nämligen en del att tänka på inom områden som STIM, NCB och SAMI inte direkt bevakar. Även om många standardavtal har förhandlats fram kan det uppkomma situationer där du personligen ställs inför frågan vad som skall gälla mellan dig och en motpart. Det kan till exempel gälla

- beställningsmusik
- licensavtal
- musikförlagsavtal

- musik i reklamsammanhang
- filmmusik
- skivkontrakt
- masteravtal
- multimediaavtal
- internetavtal
- managementavtal
- radio- och TV-produktioner
- produktioner för fristående producenter
- avtal som innehåller flera av ovanstående komponenter

Viktiga avtal

Här följer fyra exempel på avtal och något om vad du bör tänka på.

Skivkontrakt

- Skivbolag (musikföretag) har ofta sina egna standardkontrakt eller bolagskontrakt, som de av naturliga skäl i vissa avseenden kan vara obenägna att ändra, även om många villkor i ett kontrakt efter förhandling kan variera från fall till fall beroende på parternas önskemål och förhandlingsstyrka. Man bör dock inte utan vidare direkt acceptera ett kontraktsförslag utan först sätta sig in i villkoren och med motparten diskutera önskvärda förändringar.

- Kontrollera till exempel hur lång tid du och gruppen blir bundna av avtalet. Skivbolaget begär ofta rätt till optioner. Med det menas en rätt för bolaget att förlänga avtalet och ge ut nya album. Ibland begärs mellan tre och ända upp till åtta optioner. Det kan innebära att ni blir bundna under lång till, inte sällan mellan fem och tio år. Bolaget bestämmer därvid om samarbetet skall fortsätta. Det kan medföra problem om ni av någon orsak vill bryta samarbetet, om medlemmar i gruppen vill gå skilda vägar etc. Försök att begränsa antalet optioner, om möjligt till högst två eller tre optionsperioder. Om allt går bra kan ni ju i alla fall fortsätta samarbetet.

- Kontrollera att avtalet ger dig rätt till royalty för försålda exemplar. Det innebär att du får en viss procentuell ersättning beräknad på ett pris för varje exemplar som säljs. Godtag i normalfallet inte en engångsersättning eller liknande som inte är relaterat till försäljningens omfattning. Att här ange en rimlig royalty kan vara svårt. Den beror bland annat på ditt "marknadsvärde", om du får ersättning från och med första sålda skivan, om produktionskostnaderna först skall vara betalda (break-evenavtal) eller om du själv har framställt och bekostat mastern. Procentsatsen skall beräknas på ett kontrollerbart pris, t.ex. det så kallade PPD-priset, dvs det officiella priset i detaljhandeln.

- Gör en bedömning av i vilken utsträckning bolagets avdragsrätt för kostnader påverkar din ersättningsrätt.

Musikförlagsavtal

En fråga, som du som upphovsman kommer att ställas inför, är om du skall ingå ett förlagsavtal eller inte. Frågan aktualiseras ofta i samband med ingående av skivkontrakt. Inte minst för nya och oprövade låtskrivare kan ett duktigt musikförlag var just det som behövs för att hjälpa till att föra ut nya låtar på marknaden. På detta område finns ett standardavtal, men precis som när det gäller skivinspelning finns det saker som du behöver tänka på innan du skriver under.

- Finns det anledning för dig att i just ditt fall skriva ett förlagsavtal? Det finns inget entydigt svar på denna fråga. Sök hjälp och diskutera igenom frågan innan du skriver under.

- Kontrollera avtalets omfattning när det gäller antal låtar. Gäller det alla låtar som du skriver under en viss tid, gäller det alla låtar som spelas in i anslutning till ett skivkontrakt eller endast de låtar som ges ut enligt kontraktet, eller gäller det endast en viss titel/låt eller vissa titlar/låtar?

- Kontrollera avtalets omfattning när det gäller tid, som bestämmer bland annat hur länge förlaget skall ha rätt till STIM/NCB-ersättningar. Gäller förlagets rätt till ersättning under upphovsrättens hela giltighetstid (life of copyright = din livstid+70 år) eller under en annan tidsrymd, till exempel 15 år? Vad du och förlaget kommer överens om i dessa och andra frågor kan ha stor ekonomisk betydelse.

Managementavtal

Managementverksamhet kan vara betydelsefull för en artists/musikers framgång på marknaden. En manager kan i princip arbeta med varje uppgift som gynnar artistens yrkesverksamhet. Han bokar engagemang, ordnar konserter, hjälper till att ordna skivengagemang och upprätta skivkontrakt, han ger råd i ekonomiska frågor etc.

Ett managementförhållande måste bygga på ömsesidigt förtroende. Upphör detta förtroende är det viktigt att parternas samarbete snabbt kan avslutas.

- Kontrollera alltid vilken erfarenhet en manager har i branschen, särskilt inom det område som du själv är verksam på.

- Avtalet bör göras relativt kort, till exempel ett eller högst två år, med möjlighet att med kort varsel avsluta samarbetet. Trivs parterna med varandra går det ju alltid att förlänga avtalet.

- Ange tydligt managerns befogenheter, d.v.s. vad han har rätt att göra.

- Ange tydligt vilka av managerns utgifter, till exempel resor, hotell, som du är beredd att stå för.

- Managerns ersättning är normalt en procentuell andel av artistens/musikerns inkomster. Andelens storlek bör övervägas noga.

- Managerns andel bör om möjligt inte beräknas på inkomster från SAMI, STIM/NCB.

Avtal om beställning av musik till radio- och TV-program och från fristående producenter m.m.

Många inspelningar görs för speciella ändamål, det kan gälla reklamproduktioner, beställning av specialskriven musik, till underhållningsprogram, dokumentärer etc. Också i sådana sammanhang är det viktigt att reglering sker mellan parterna genom för ändamålet väl genomtänkta avtal. Ofta innebär uppdrag av detta slag att beställaren begär en färdig produkt, som innefattar flera olika arbetsinsatser från en och samma person.

- Det kan vara fråga om arbetet att komponera ny musik för ändamålet.

- Arbetet kan innefatta uppgifter som artist och musiker.

- Det kan också gälla rena producentuppgifter.

Inte sällan föreslås från beställarens sida en engångsersättning för allt ingående arbete och en obegränsad nyttjanderätt för beställaren.

Det finns en hel del saker att tänka på när det gäller dessa typer av specialavtal, till exempel begränsning av beställarens nyttjanderätt, ersättning i förhållande till nyttjandet, tidsbegränsad nyttjanderätt etc.

Frågor och svar om upphovsrätt

Innan vi går vidare till det avsnitt, som innehåller en del tips och råd om vad en rättighetshavare bör tänka på bland annat i avtalssammanhang, kan det vara lämpligt att som bakgrund i korthet ange några av upphovsrättens grunder.

1. Vad är upphovsrätt?
Det är de rättigheter och det skydd som upphovsmän, bland annat kompositörer och författare, har till sina verk.

2. Vad är "närstående rättigheter"?
Det är det rättsliga uttrycket för de rättigheter och det skydd som s.k. utövande konstnärer, bland annat artister och musiker, har till sina prestationer, framställare av fonogram (skivbolag) och av bildupptagningar har till sina inspelningar samt sändande företag har till sina sändningar.

3. Var finns regler om upphovsrätt och närstående rättigheter?
Reglerna finns i en särskild lag kallad upphovsrättslagen, förkortning URL, (Lag (1960:729) om upphovsrätt till litterära och konstnärliga verk)

4. Varför behövs upphovsrätt?
Av flera skäl, här ett par: Om inte upphovsrätt fanns skulle i princip vem som helst fritt kunna utnyttja upphovsmännens och de utövande konstnärernas alster. Det har ansetts rimligt att upphovsmannen/utövaren skall få bestämma över sitt arbetsresultat och tillförsäkras ersättning för sitt arbete (ekonomisk rätt). Hans s.k. ideella rätt skall vidare respekteras. Det innebär att han skall namnges i samband med att prestationer utnyttjas (s.k. credit) och inte behöva acceptera att verk och framföranden förvanskas eller utnyttjas på ett kränkande sätt (s.k. respekträtt).

Bland annat detta skall uppnås genom lagens bestämmelser.

5. Vad skyddas genom lagen?
Litterära och konstnärliga verk, t.ex. musikaliska verk, samt närstående rättigheter.

6. Vad är ett verk?
Något förenklat kan man säga att ett verk skall vara resultatet av ett individuellt skapande, vilket betyder att det skall ge uttryck för ett visst mått av självständighet och originalitet (s.k. verkshöjd). Man brukar ibland som en tumregel säga att det inte skall föreligga någon risk för dubbelskapande, d.v.s. någon annan skall inte utan vidare kunna åstadkomma något i allt väsentligt liknande. Även delar av verk, som uppfyller nu nämnda krav, har upphovsrätt. Observera att också musikbearbetningar (arrangemang), som uppfyller kraven, har fullt upphovsrättsskydd.

7. Vad innebär upphovsrätt?
Det innebär – med vissa i lagen angivna inskränkningar (undantag) – ensamrätt att på olika sätt framställa exemplar (mångfaldiganderätt) och göra verket tillgängligt för allmänheten, vilket

sker när det överförs till allmänheten, framförs offentligt eller sprids som exemplar till allmänheten eller visas offentligt.

8. Vad innebär att ensamrätt att framställa exemplar?
Det omfattar alla former av exemplarframställning, t.ex. framställning av noter, inspelning och kopiering på CD, kassettband, video, film, exemplarframställning via internet. Med andra ord, alla nu kända men också nya framtida former för framställning av exemplar och kopior av skyddade verk kräver upphovsmannens tillstånd. (Vissa inskränkningar (undantag) finns dock).

9. Vad innebär ensamrätt att göra verket tillgängligt för allmänheten?
Det omfattar alla former av överföring till allmänheten, som sker på distans (trådbundet eller trådlöst). Som exempel kan nämnas radio- och TV-utsändningar och överföringar via internet. Verk görs också tillgängliga genom offentliga framföranden, som äger rum på platser där allmänheten befinner sig och kan ta del av verken, t.ex. en konsert där musik framförs inför en närvarande publik. (Vissa inskränkningar i ensamrätten (undantag) finns dock).

Ensamrätten att göra verket tillgängligt för allmänheten innefattar också spridning av skyddade exemplar, t.ex. genom försäljning, utlåning och uthyrning samt offentlig visning.

10. Vad gäller för ”närstående rättigheter” t.ex. för artister och musiker?
Något förenklat kan sägas att dessa i lagen har tillerkänts rättigheter som i stort motsvarar upphovsmännens, d.v.s. inspelningsskydd, ensamrätt till exemplarframställning och ensamrätt att göra upptagningar tillgängliga för allmänheten; dock att en-

samrätten inte gäller användning av ljudupptagningar och andra fonogram vid överföringar till allmänheten, t.ex. vid radio- och TV-sändningar och offentliga framföranden. Här har ensamrätten - med undantag för "on-demandöverföringar"- inskränkts till en ersättningsrätt som SAMI förvaltar för artisternas och musikernas räkning.

11. Vad menas med skyddade och fria verk samt inspelningar?
Upphovsrätten och de närstående rättigheterna är tidsbegränsade. Det innebär att musikaliska verk, kompositioner, musikbearbetningar och texter är skyddade under upphovsmannens livstid och i sjuttio kalenderår därefter (life of copyright). Beträffande de utövande konstnärerna och fonogramframställarna gäller ett sjuttioårigt skydd för inspelningen ifråga. Observera alltså att både verket och framförandet/inspelningen har skydd. När skyddstiderna gått ut får prestationerna användas fritt.

12. Kan upphovsrätt ärvas?
Ja, normala arvsregler gäller för upphovsrätten och det gäller både den ekonomiska och ideella rätten. Det går också att testamentera upphovsrätten.

13. Måste jag registrera mina verk eller vidta någon annan åtgärd för att "skydda" dem?
Nej, upphovsrättslagens bestämmelser gäller automatiskt vid verkets tillkomst. Några formaliteter behöver alltså inte vidtas. En annan sak är att vissa upphovsmän för säkerhets skull önskar gardera sig mot plagiat genom att t.ex. deponera verk hos en organisation eller liknande åtgärd. I många fall förses exemplar av verket med en s.k. Copyrightsymbol, d.v.s. bokstaven C inom en ring, rättighetshavarens namn samt årtalet för verkets tillkomst. Inte heller en sådan märkning är erforderlig för

skydd. Den fungerar dock som något av en internationellt känd varningssignal och det kan därför vara tillrådligt att ”copyright-märka” skyddade verk.

14. Vad menas med plagiat?
Det innebär att någon utger sig för att vara upphovsman till ett verk som någon annan har skapat. Det är ett upphovsrättsligt intrång. Det är straffbart enligt upphovsrättslagen och berättigar dessutom den plagierade till skadestånd. Även ”plagiat” som inte skett avsiktligt är otillåtna enligt lagen.

15. Vad gör jag om jag misstänker plagiat av mitt verk?
Det finns inom STIM en kommitté, den s.k. bedömningskommittén, dit den STIM-anslutne kan vända sig. Kommittén ger vägledande utlåtanden i plagiatärenden om likheter mellan aktuella musikverk, men fattar inga formella beslut om plagiat föreligger eller inte. De inblandade parterna får själva mot bakgrund av bl.a. kommitténs utlåtande komma fram till ett resultat i det aktuella ärendet, i sista hand genom ett rättsligt förfarande.

16. Är det tillåtet att kopiera skyddade verk, inspelningar och noter?
Det finns i upphovsrättslagen några inskränkningar (undantag) i den grundläggande ensamrätten. En sådan gäller s.k. privat bruk. En eller några få kopior får framställas, men bara för privat bruk. När det gäller musik får man inte ta utomstående till hjälp. Observera också att det överhuvudtaget inte är tillåtet att kopiera om underlaget för kopieringen (det som kopieras) är olovligt. Det är t.ex. inte tillåtet att ladda ner en skyddad låt som fildelats utan tillstånd.

17. Hur bevakas och tillvaratas mina upphovsrättsliga intressen?
Upphovsrätten är individuell och det är upphovsmannen/utövaren själv som bestämmer om han på egen hand skall bevaka sina rättigheter eller om han vill ha hjälp i olika avseenden. Upphovsrätten kan, med undantag för den ideella rätten, helt eller delvis upplåtas och överlåtas. Rent praktiskt är det i många fall inte möjligt för den enskilde att bevaka alla situationer i vilka musik används. Därför finns ett väl utvecklat system där olika organisationer såsom STIM och SAMI licensierar, inkasserar och fördelar upphovsrättsersättningar till främst upphovsmän, utövare och förlag. De flesta upphovsmän/utövare och förlag i Sverige och i utlandet är anslutna till sådana organisationer.

Några tips och råd

Mot den ovan skisserade bakgrunden kan det finnas anledning att ge några tips och råd om vad en rättighetshavare bör tänka på i avtalssammanhang.

- Anslut dig till STIM/NCB och SAMI och till den fackliga organisation som värnar om din upphovsrätt.

- Undvik att ingå muntliga avtal eller lämna muntliga utfästelser som har att göra med din upphovsrätt.

- Ha inte för bråttom i samband med kontraktsskrivande.

- Gör klart för dig vem eller vilka som formellt är din/dina motparter

- Kontrollera att den överenskommelse som du är i färd med att ingå inte inkräktar på och överlappar redan ingångna, ännu gällande avtal.

- Se till att skriftliga avtal finns undertecknade innan det aktuella projektet påbörjas.

- Skriv inte under avtal innan du har till fullo förstått innehållet eller rådgjort med experter på området.

- Vilken eller vilka egenskaper har du själv som part, d.v.s. vilken medverkan och vilka roller omfattar uppdraget?

Har du fått en beställning, som kanske helst bör ersättas separat med ett beställningsarvode?

Är du upphovsman (kompositör, textförfattare, bearbetare, översättare) och/eller utövande konstnär (artist, musiker) och/eller framställare av en inspelning, kanske också ljudtekniker, mixare, mastrare etc? Innehar du flera av dessa egenskaper, som var för sig bör regleras i avtal? Det är lätt gjort att "glömma bort" en eller annan ekonomisk rättighet, som man kan ha, eller skriva bort sådant i en allmän formulering.

- Undvik omfattande överlåtelser av din upphovsrätt (gäller inte beträffande anslutning till STIM/NCB/SAMI).

Detta råd gäller både enstaka verk och prestationer och delar av eller hela din produktion.

Tänk på att upphovsrätten är så konstruerad att du kan upplåta precis så mycket av din rätt som svarar mot ett avsett nyttjande. Motpartens rätt kan t.ex. tidsbegränsas. Den kan också avgränsas territoriellt. En upplåtelse kan ske i form av ett enkelt tillstånd (enkel licens) vilket innebär att du kan lämna motsvarande tillstånd till andra. Du kan bestämma om du vill att en motpart skall få framställa endast fonogram men inte t.ex. videogram/film. Du kan ge någon ett tillstånd att sätta text till din komposition, vilket inte skall hindra att du i en framtid vill låta någon annan skriva en ny text. Du kan bestämma i avtal hur många exemplar som får framställas. Du kan medge ett visst reklamutnyttjande. Genom avgränsade nyttjandeupplåtelser kan du steg för steg, själv, genom din organisation eller annan kontrollera hanteringen av din rätt.

- Är avsikten att vidareöverlåtelse av din upphovsrätt skall få se?

En motpart kräver inte sällan också rätt att få vidareöverlåta med motivering bl.a. att en effektiv lansering och hantering av verket/prestationen ifråga kräver en sådan rätt. En obegränsad rätt till vidareöverlåtelser, utan krav på samråd eller godkännande från rättighetshavaren, kan dock innebära risk för att denne förlorar kontrollen över sina alster.

Rätten till vidareöverlåtelser samt krav på samråd, information eller godkännande i förväg bör bedömas från fall till fall, men restriktivitet rekommenderas när det gäller generell rätt till vidareöverlåtelser.

- Gäller ärendet filmproduktion/videoproduktion, TV-produktion eller annan motsvarande medverkan?

Här finns det särskild anledning att iaktta försiktighet, framförallt i rollen som utövande konstnär. När det gäller produktioner av detta slag finns det i lagen en s.k. presumtionsregel som i detta fall innebär att om rättighetshavaren överlåter sin rätt till inspelning, t.ex. mot ett engångsarvode, och inte uppställer några ytterligare villkor i inspelningsavtalet, så kan han förlora all rätt till framtida ersättningar för kommande nyttjanden. Det innebär att producenten i förhållande till den utövande konstnären fritt kan exploatera filminspelningen så som han finner lämpligt. Denna regel gäller dock inte upphovsmannen/kompositören, som i detta avseende har kvar sin ensamrätt och en starkare position och därför normalt genom STIM/NCB ersätts för bl.a. olika film- och TV-utnyttjanden.

- Vem är upphovsman till ett verk?

I normalfallet naturligtvis kompositören till sin komposition, det musikaliska verket. På motsvarande sätt författaren till sin text, det litterära verket. Men i många fall skapas verk genom fleras insatser t.ex. i en studio i samband med en inspelning med hjälp av ljudtekniker, mastrare etc. Det ursprungliga musikaliska uppslaget kanske förändras och bearbetas under arbetets gång. Främmande inslag i form av sampling kan tillföras musiken. För att undvika framtida oklarheter och tvister är det viktigt att de inblandade, när väl det musikaliska resultatet är klart, kommer överens om hur man skall se på upphovsmannaskapet, d.v.s. vem/vilka som är kompositörer, bearbetare, författare, översättare, och i vilken omfattning.

Lägg från början ner arbete och eftertanke på att klarlägga upphovsmannafrågan och om STIMs fasta fördelningsregler eller en särskild överenskommelse om s.k. fri fördelning skall tillämpas. Det kan visa sig svårt att i efterhand åstadkomma förändringar. Är ett verk redovisat som ett gemensamhetsverk kan t.ex. problem uppstå för den som vill byta en text eller medge en bearbetning.

- Är det uppnådda arbetsresultatet ett nytt verk med ett eget skydd eller påminner det mer eller mindre om något eller några andra redan skapade verk?

Som bekant påverkas och inspireras konstnärer av vad som redan har skapats, av olika musikstilar och sounds. Det är i normalfallet inte något upphovsrättsligt kontroversiellt. Det finns i lagen en bestämmelse som handlar om just detta. Den säger att om man i fri anslutning till ett redan befintligt verk (eller flera) åstadkommer ett nytt och självständigt verk, så har man en egen rätt till det nya verket. Att inspireras och skapa något nytt självständigt och originellt är emellertid en sak, att efterbilda eller "låna" ur andras verk och sedan utge sig som upphovsman till vad någon annan skapat är en helt annan sak. Det kan utgöra intrång i den ursprunglige kompositörens upphovsrätt, ett plagiat. Blunda inte när en sådan misstanke dyker upp eller när du görs uppmärksam på frågan. Du kan få hjälp med sådana frågor av STIM.

- Kontakta din fackliga organisation eller upphovsrättsorganisation eller någon annan med juridisk kompetens beträffande upphovsrätt och avtal innan du skriver på ett avtal om vars innehåll och innebörd du är det minsta osäker.

- För utförligare information läs gärna vidare i denna bok och i andra skrifter om upphovsrätt; se lästipsen i slutet av boken.

- Lycka till!

KAPITEL 2

Upphovsrätt – upphovsmannens rättigheter och skydd

Upphovsrätt

Lagregler om den svenska upphovsrätten finns i Lag om upphovsrätt till litterära och konstnärliga verk (Svensk Författningssamling, SFS, 1960:729 med flera senare ändringar), allmänt kallad upphovsrättslagen (URL). Tillämpningsföreskrifter till lagen finns i två förordningar – Upphovsrättsförordningen (SFS 1993:1212) med vissa bestämmelser om tillämpningen av lagen samt Internationella upphovsrättsförordningen (SFS 1994:193) med bl.a. bestämmelser om det skydd som utländska verk och prestationer har i Sverige.

Upphovsrätt handlar om de rättigheter som kompositörer, författare, konstnärer och andra **upphovsmän** har till sina verk och om det skydd som lagstiftningen ger mot otillåtna utnyttjanden av olika slag.

Motsvarande rättigheter och skydd finns för artister, sångare, skådespelare och andra så kallade **utövande konstnärer**, dvs. personer som sjunger eller spelar eller på annat sätt framför verk, andras eller egna, skyddade eller fria. Dessa m.fl. rättigheter brukar kallas **närstående rättigheter** eftersom de ofta har ett samband med upphovsrätten till ett verk.

Också den som i egenskap av **framställare** producerar ljudinspelningar såsom CD, grammofonskivor, band och motsvarande samt inspelningar med rörliga bilder såsom videogram, film och motsvarande samt t.ex. material till radio- och TV-program, har ett visst liknande skydd som också innefattas i de närstående rättigheterna. Detsamma gäller också för **radio- och TV-företag** beträffande deras sändningar och återutsändningar.

Varför upphovsrätt?

Du har just komponerat ett musikstycke. Vad har du som kompositör för garantier för att inte någon annan använder din musik och påstår sig vara upphovsman till den, piratkopierar den, utan ditt tillstånd lägger ut din musik på internet, tjänar pengar på ditt skapande, manipulerar och bearbetar ditt verk, förvanskar det och kränker ditt konstnärliga anseende? Finns det någon anledning och någon ekonomisk möjlighet att fortsätta skapandet om sådant kan få ske utan påföljder?

Du är sångerska och pianist. Vad har du som artist och musiker för garantier för att inte någon annan utan ditt tillstånd spelar in ditt liveframförande och ger ut det på skiva som piratkopior, lägger ut musiken på internet, samplar din sång och använder den i reklamsammanhang, tjänar pengar på ditt mödosamma arbete? Finns det någon anledning att fortsätta att sjunga och spela professionellt om sådant kan ske ostraffat? Du kanske själv eller genom ditt bolag vill göra en skivproduktion och investerar i en sådan både ekonomiskt och arbetsmässigt. Du vill naturligtvis skörda frukterna av det du framställt.

Som du nog redan känner till finns det något som kallas upphovsrätt och som ger dig bestämmanderätt över dina verk, framföranden och inspelningar och därmed rätt till ersättning för ditt arbete och dina investeringar, om du väljer att exploatera dina alster.

Som motiv för behovet av upphovsrätt brukar bl.a. följande anföras.

- Rättsordningen bör skydda det andliga skapandet i alla dess uttrycksformer
- Det är rimligt att individen får bestämma över frukten av sitt skapande
- Samhället bör främja kreativitet och nyskapande på det konstnärliga området
- Ett skydd bör finnas som tillförsäkrar upphovsmannen/utövaren rimlig ersättning för sitt arbete
- Den skapande och utövande individens personliga intressen bör skyddas
- Också den som investerar i upphovsrätt bör ha skydd för sina investeringar (t.ex. ett grammofonbolag)

För att bidra till att åstadkomma detta har lagregler utformats som i olika väsentliga avseenden tillförsäkrar **upphovsmannen och utövaren ensamrätt till sina verk och prestationer.** Om upphovsrätten och dessa regler inte fanns, skulle det inte vara möjligt att freda sig från att andra fritt utnyttjade det som du har skapat och presterat, t.ex. utan tillstånd spelade in din komposition på skiva och gav ut den eller lade ut den på nätet. För att skydda skaparen/utövaren mot sådana och andra oönskade intrång krävs särskilda regler. De lagregler som gäller för stöld av vanliga materiella ting, är inte avpassade för att skydda mot olovligt utnyttjande av ”andliga produkter”. Mot den som gör intrång i din upphovsrätt finns i lagen en rad olika sanktioner som kan tillämpas, t.ex. böter eller fängelse, skadestånd och vite.

Upphovsrätten är en del av den s.k. immaterialrätten, den rätt som skyddar resultat av andligt skapande.

Innan vi går närmare in på de regler som i dag gäller enligt upphovsrättslagen för upphovsmännen och de utövande konstnärerna kan det finnas anledning att i korthet påminna om den historiska bakgrunden till dagens upphovsrätt.

Kort historik

Redan de gamla grekerna?

Redan de gamla grekerna, brukar man säga och med det mena att mycket som man först trott vara nytt i själva verket visar sig redan ha existerat sedan länge. När det gäller upphovsrätten kan emellertid rättshistorikerna konstatera att någon egentlig lagstiftning om upphovsrätt inte fanns vare sig i det gamla Hellas eller i det gamla Rom. Samtida källor sägs dock visa att samhället och medborgarna tog kraftigt avstånd från bl.a. förvanskningar och plagiat – plagiarius betyder på latin bl.a. människorövare men också litterär tjuv – och i brist på lagstiftning fick s.k. sedvanerätt bestämma hur intrång skulle bestraffas.

1400-talet och Gutenberg

Inte förrän under 1400-talet blev det fråga om någon form av reglerad rätt, som har visst släktskap med dagens upphovsrätt. Gutenbergs uppfinning av enskilda kombinerbara bokstavstyper spred sig hastigt över Europa. I takt med en med denna metod ökad utgivning av tryckta skrifter växte samtidigt en parallell kopiering, en eftertrycksverksamhet, av dessa skrifter fram; den första egentliga s.k. piratverksamheten eller ”piracy” som i dagligt tal piratkopiering brukar kallas. Mot den bakgrunden infördes i många länder så kallade privilegiesystem, som gav enskilda boktryckare eller ”förläggare” ensamrätt att trycka och importera böcker under viss tid. Delvis ur detta privilegiesystem utvecklades den moderna upphovsrätten.

The statute of Queen Anne – copyright

I England antogs 1710 vad som kan sägas vara den första egentliga upphovsrättslagen The Statute of Queen Anne, Drottning Annes lag. Lagen gav uttryckligen upphovsmannen ensamrätt att under viss tid (14 år) efter verkets publicering trycka och sprida sina verk. Också registrering av verket skulle ske. Detta var inledningen till det copyrightsystem, copyright = rätt att mångfaldiga, som därefter har utvecklats steg för steg i framförallt England och USA. Idag används uttrycket copyright ofta som en beteckning för hela det upphovsrättsliga området, som innefattar utöver ensamrätten att mångfaldiga verk också ensamrätt att tillgängliggöra verk genom överföring till allmänheten och offentligt framförande samt genom spridning och visning av exemplar av verk.

Franska revolutionen – droit d'auteur

I Frankrike och i kontinentaleuropa i övrigt utvecklades upphovsmannarätten (som den då kallades) på ett delvis annat sätt, inte minst mot bakgrund av den franska revolutionen 1789. Privilegiesystemet avskaffades och genom dekret som infördes i Frankrike 1791 och 1793 gavs upphovsmännen en generell ensamrätt till sina verk, en ensamrätt som redan från början omfattade både mångfaldiganderätten och rätten att göra verket tillgängligt för en intresserad allmänhet och som starkt betonade rättens individuella karaktär och det personliga bandet mellan upphovsman och verk. Denna upphovsmannens ensamrätt benämns på franska språket droit d'auteur. På svenska språket används numera begreppet upphovsrätt.

Skillnader copyright – droit d'auteur

Om man emellertid idag jämför det konkreta innehållet mellan de två "systemen" anses skillnaderna i den praktiska hanteringen av upphovsrätten inte vara stora. Internationellt samarbete och teknisk utveckling har också bidragit till alltmer enhetliga regler. En skillnad som dock brukar påpekas i doktrinen är att den s.k. ideella rätten har en starkare ställning i den kontinentaleuropeiska upphovsrättstraditionen än i den anglosaxiska copyrighttraditionen.

Internationella överenskommelser

Musikutnyttjande och musikspridning är en i allt högre grad internationell företeelse, men det har redan sedan länge varit väsentligt att upphovsmän och utövare skyddas oberoende av nationalitet och var deras alster används. Genom enskilda länders anslutning till olika internationella konventioner på upphovsrättområdet erhålls sådant skydd. Redan 1886 tillkom Bernkonventionen för skydd av konstnärliga och litterära verk, den viktigaste överenskommelsen för upphovsmännen. Sverige anslöt sig till konventionen 1904. För de utövande konstnärerna, artister, musiker m.fl., framställare av fonogram samt radioföretag, har den s.k. Romkonventionen från 1961 varit av stor betydelse.

Sverige ...

Också i Sverige växte författarrätten fram som ett privilegiesystem för boktryckare. Genom 1810 års tryckfrihetsförordning stadfästes att "varje skrift vare författarens och dess laglige rättsinnehavares egendom". Detta gällde även musikaliskt verk avfattat på noter eller annan teckenskrift. En Kungl. förordning från 1855 gav visst skydd för musikaliska arbeten avsedda "för skådeplatsen". Ett egentligt skydd för musikaliska verk uppkom dock först genom 1919 års upphovsrättslagstiftning. Men skyddet var inte fullständigt. Det omfattade t.ex. inte offentligt framförande av dansmusik eller som det då kallades "musik till sällskapsdans". Sådant skydd tillkom först 1927. Vår nu gällande upphovsrättslag är från 1960 och har därefter ändrats ett flertal gånger. 1960 års upphovsrättslag innebar en förstärkning av den rätt som tidigare tillkommit upphovsmännen. Lagstiftaren uttalade som principiell utgångspunkt att åt upphovsmannen bör förbehållas rätt att ekonomiskt tillgodogöra sig alla sådana nyttjanden av verket som har praktisk betydelse, dock att vissa samhälleliga behov kunde motivera inskränkningar i denna rätt. Riktpunkten borde vidare vara att upphovsmannens rätt skall omfatta alla framföranden som inte äger rum inför helt slutna kretsar.

... och EU

Under senare tid har den svenska upphovsrättslagen i stor omfattning ändrats och upphovsrätten förstärkts i enlighet med olika direktiv som tagits fram inom EU, Europeiska Gemenskapen. Dessa direktiv bygger bl.a. på internationella överenskommelser utarbetade inom FNs immaterialrättsorgan WIPO (World Intellectual Property Organization). Direktiven syftar främst till att harmonisera medlemsländernas upphovsrättslagar och att värna om upphovsrätten.

Upphovsmannnen och hans verk

(Paragrafhänvisningar nedan avser upphovsrättslagen. Kursiv text är citat ur lagtexten.)

1§

Den som har skapat ett litterärt eller konstnärligt verk har upphovsrätt till verket, oavsett om det är

1. *skönlitterär eller beskrivande framställning i skrift eller tal,*
2. *datorprogram,*
3. *musikaliskt eller sceniskt verk,*
4. *filmverk,*
5. *fotografiskt verk eller något annat alster av bildkonst,*
6. *alster av byggnadskonst eller brukskonst, eller*
7. *verk som har kommit till uttryck på något annat sätt*

Till litterära verk hänförs kartor, samt även andra i teckning eller grafik eller i plastisk form utförda verk av beskrivande art.

Vad som i denna lag sägs om datorprogram skall i tillämpliga delar gälla även förberedande designmaterial för datorprogram.

Den som har skapat = upphovsman

Upphovsrättslagen gäller för "*den som har skapat ett litterärt eller konstnärligt verk*" som det heter i lagens första paragraf. Detta innebär inte att allt det som skrivs, målas eller komponeras får lagens skydd. Det krävs dels att det skall vara någonting som någon har skapat "*den som har skapat*" dels att detta som skapats uppfyller lagens krav på vad som är att betrakta som "litterärt eller konstnärligt" i form av ett "verk" (se vidare nedan, Verksbegreppet – verkshöjd).

För att någonting skall vara att betrakta som ett verk i upphovsrättslagens mening krävs att detta något har skapats av en fysisk person, som du eller jag. Det spelar inte någon roll om upphovsmannen är myndig eller inte. Ett verk av t.ex. en tolvåring har samma skydd som ett verk skapat av en myndig person. I vissa fall kan verk skapas också av två eller flera personer tillsammans; särskilda bestämmelser finns om det (se nedan Gemensam upphovsrätt).

Med orden ”den som har skapat” menas dock inte en s.k. juridisk person, t.ex. aktiebolag, handelsbolag eller liknande. En juridisk person kan aldrig vara ursprunglig upphovsman enligt svensk rätt. En annan sak är att en sådan på olika sätt kan förvärva upphovsrätt helt eller delvis från fysiska upphovsmän.

Inte heller gäller lagen för något som är resultatet av vad som åstadkommits av någon annan levande varelse än en människa.

De tavlor som man ibland ser avbildade och som är resultatet till exempel av vad t.ex. en apa har gjort med hjälp av pensel och färg eller en åsna med sin svans, omfattas alltså inte av lagen. Inte heller fågelsång är upphovsrättsligt skyddad, hur vacker och varierad än t.ex. koltrastens sång kan vara. Framställaren av en inspelning av denna fågelsång har dock, ett visst skydd för sin inspelning.

Litterärt och konstnärligt verk

Lagtexten laborerar med ett par samlingsbegrepp för att ange vad som kan skyddas enligt lagen, nämligen *litterära och konstnärliga verk.* Terminologin har tillkommit av praktiska skäl i samband med utformandet av lagen.

När man stöter på termen *konstnärligt verk* i lagtexten gäller den aktuella bestämmelsen för de olika s.k. verkskategorier som är att hänföra till samlingsbegreppet konstnärligt verk. Dit hör bl.a. sceniska verk, filmverk, musikaliska verk och konstverk såsom måleri, grafik etc. På ett annat ställe i lagen kan däremot termen musikaliskt verk vara särskilt angiven, och då just för att visa att bestämmelsen i fråga gäller endast för musikaliska verk.

Till samlingsbegreppet *litterärt* verk hör alla verk som är beskrivande i detta ords vidaste mening. Hit räknas främst skönlitteratur, dikter, sångtexter, föredrag, läroböcker, tidningsartiklar, reportage m.m. men också datorprogram. Litterära verk kan förekomma i både muntlig och skriftlig form. Den som läser upp ett föredrag eller håller ett tal för allmänheten framför alltså offentligt ett litterärt verk.

Musikaliskt verk

Musikaliskt verk, som alltså är en verkskategori under huvudgruppen konstnärligt verk, omfattar musik i alla dess former, under förutsättning att musiken i fråga uppfyller lagens krav på vad som räknas som ett verk, vilket kommenteras senare. Till musikaliska verk hör både enkla melodier och komplicerade s.k. seriösa verk. Lagen gör ingen skillnad, skyddet är lika starkt för alla former av musik. Det krävs inte heller att verket är dokumenterat i form av noter eller som en inspelning. Även rena improvisationer kan ha skydd. Observera ett termen musikaliskt verk enligt upphovsrättslagen gäller både för verk som överförs till allmänheten, framförs offentligt eller förekommer i inspelad form men också för notskrift.

Filmverk

Filmverk är en annan kategori av konstnärligt verk. Någon närmare definition av vad som menas med filmverk finns inte i lagen eller i dess förarbeten. Dit räknas dock inte bara spelfilm utan även alla andra former av film, t.ex. dokumentärfilm, reportagefilm, undervisningsfilm, reklamfilm, TV-program. Det spelar ingen roll om filmen finns inspelad på filmremsa eller är lagrad elektroniskt på videokassett eller bildskiva. Men för att betraktas som filmverk skall, oavsett teknik och innehåll, alstret helt eller delvis bestå av bilder, som ger intryck av rörelse (levande bilder). Det bör också krävas någon form av kameraarbete, bearbetnings/regiinsatser eller motsvarande i sådan omfattning att ett verk kan anses ha uppkommit. Man kan dock utgå från att upphovsrättslagens regler om filmverk gäller för de flesta filmer och videogram som idag produceras och förekommer i handeln.

De nu nämnda exemplen på verkskategorier och de som lämnas i lagtexten är inte uttömmande utan just exempel. Också andra typer av alster som kan kallas litterära eller konstnärliga har skydd genom upphovsrättslagen oberoende av på vilka sätt de kommer till uttryck under förutsättning att de är att betrakta som verk. Ett exempel som är datorprogram, som nu är en verkskategori under samlingsbegreppet litterära verk. Trots att datorprogram tidigare inte fanns med i lagtextens ursprungliga exemplifiering anses sådana normalt uppfylla lagens krav på vad som är att betrakta som verk.

Kunskap om de nu nämnda samlingsbegreppen litterärt eller konstnärligt verk och de kategorier som hör till dessa begrepp har i vissa fall betydelse för dig som upphovsman och utövare. Det kan därför inte skada att känna till systematiken i lagen; en dag kan frågan uppkomma om en särskild bestämmelse i lagen gäller i förhållande till dig och dina verk eller inte.

Verksbegreppet – verkshöjd

Vad är då detta immateriella någonting som kallas verk?

Om detta har det tänkts och skrivits åtskilligt och olika "skolor" har funnits och finns i Sverige och i utlandet. Diskussionerna om verksbegreppets avgränsning är omfattande. Viss ledning kan man få av vad som sägs i lagens förarbeten samt av rättspraxis. Sammanfattningar beträffande verksbegreppet finns i förekommande handböcker om upphovsrätt.

Ett verk skall vara resultatet av ett individuellt andligt skapande och ge uttryck för ett visst mått av självständighet och originalitet. Därigenom skiljer det sig normalt från vad man kan föreställa sig att någon annan än upphovsmannen kunnat skapa. Man brukar ibland som en tumregel säga att det inte skall föreligga någon risk för dubbelskapande, dvs. någon annan skall inte utan vidare kunna göra något som i allt väsentligt liknar det som du redan har gjort. Vad som lika gärna kunnat skapas av någon annan än av den som påstår sig vara upphovsman torde vanligtvis inte ha vad man brukar kalla verkshöjd. Ett verk kan dock skapas trots att man är påverkad av vad någon annan redan skapat eller har fått inspiration från annat håll. Det är ju i själva verket så att inget kan skapas utan någon form av påverkan av den tradition och kultur vi lever i och i vilken andra verk har skapats.

Begreppet verkshöjd används ofta för att bestämma vad som skyddas av upphovsrätten. Det har bildats efter förebild av patenträttens begrepp ”uppfinningshöjd” och är ett samlat uttryck för bl.a. att det skapade skall vara uttryck för något personligt, självständigt och i viss mån originellt.

Det nu sagda kan låta som mycket kvalificerade krav, svåra att uppfylla. Kraven för att uppnå verkshöjd och därmed skydd enligt lagen är emellertid inte så höga. Även mycket enkla musikaliska kompositioner kan normalt anses uppfylla lagens krav på självständighet och originalitet och är alltså skyddade.

Upphovsrättslagen är inte någon smakdomare och ställer inte några kvalitetskrav eller estetiska krav på ett verk. Det räcker att de ovan nämnda allmänna kraven på ett verk är uppfyllda. Lagen är neutral i sitt skydd. En enkel melodi har samma skydd som ett komplicerat verk. Ett ”dåligt” verk har samma skydd som ett ”bra”. Alla smakriktningar ryms inom upphovsrättslagen.

Omedelbart skydd

Det verk som du har skapat får ett omedelbart upphovsrättsskydd genom sin tillkomst. Skyddet är inte beroende av att några formaliteter måste uppfyllas såsom registrering hos myndighet eller anmälan hos någon organisation eller liknande förfarande. Inte heller krävs det formellt att verket finns upptecknat eller inspelat. Tanken är att den som har skapat ett verk skall skyddas direkt. Upphovsmannen skall inte behöva riskera att förlora sin rätt beroende på att han inte känt till att formella krav måste uppfyllas. Denna grundprincip om det omedelbara skyddet har sin grund i den viktigaste internationella överenskommelsen på upphovsrättsområdet, den s.k. Bernkonventionen för skydd av litterära och konstnärliga verk till vilken ett stort antal länder (för närvarande 167) och bl.a. Sverige är anslutna. I ett senare avsnitt om den internationella upphovsrätten kommer vi att i korthet ta upp denna och ett par andra internationella konventioner.

Många upphovsmän är emellertid ofta oroliga för att deras verk kan komma att "stjälas" av någon annan, t.ex. i samband med att en s.k. demoinspelning av verket sänds runt till olika grammofonbolag eller förlag för att efterhöra intresset för grammofoninspelning och utgivning. Och visst har det hänt någon gång att verk har stulits eller att åtminstone försök har gjorts t.ex. i form av mer eller mindre närgångna plagiat, (vi tar upp plagiatfrågor senare) men detta sker enligt vår erfarenhet ytterst sällan. Det företag i musikbranschen som beslås med att bete sig på ett sådant sätt har inte stora möjligheter att överleva på marknaden.

Ändå är det fullt förståeligt att denna oro finns hos upphovsmannen och det kan ju inte skada att han tar det säkra för det osäkra och vidtar åtgärder som underlättar för honom i en eventuell framtida tvist om vem som är rätt upphovsman till ett verk. I en sådan tvist kan det bl.a. bli fråga om att försöka styrka när verket skapades.

Ett enkelt och billigt sätt är att posta ett exemplar av verket till sig själv, nedtecknat på noter eller inspelat på band och i försändelsen ange upphovsman och tidpunkt för verkets tillkomst. Någon god vän kanske kan bekräfta riktigheten. Låt sedan bli att öppna kuvertet; poststämpelns datum kan ju kanske vara till hjälp som framtida bevis.

Ett annat sätt är att kontakta t.ex. Svenska Musikerförbundet. Anmäl vidare dina verk så tidigt som möjligt till Stim. En sådan anmälan kan också vara av värde i händelse av tvist.

Notera dock att inget av de nu nämnda sätten eller andra liknande innebär någon hundraprocentig garanti för att du kommer att vinna en eventuell framtida tvist om vem som är att anse som upphovsman till ett verk. Det är sist och slutligen domstolen som gör en samlad prövning av allt som framkommit i ärendet och på grund av detta fäller sitt utslag.

Vi vill återigen understryka att du har fullt upphovsrättsligt skydd direkt vid verkets tillkomst och att det inte krävs av dig att du vidtar några särskilda åtgärder för att behålla detta skydd.

En idé är inte ett verk

Det är inte idéer, ämnen, motiv som har skydd. Det går inte att få ensamrätt enligt upphovsrättslagen för sådant. Serien Stålmannen utesluter till exempel inte upphovsrättsligt skydd för andra tecknade serier om flygande varelser. En konstnär kan inte ha ensamrätt till motivet båtar på stranden. Idén att i romanform skildra utvandringen från Sverige kan inte med ensamrätt innehas av Vilhelm Moberg osv.

Det är som vi tidigare har sagt den individuella gestaltningen och utformningen som skyddas, det som innehar ett visst mått av självständighet och originalitet, det som just gör serien och tavlan till konstverk och romanerna till litterära verk.

Copyright – märket ©

Som du säkert har noterat förekommer på de flesta verksexemplar (CD-skivor, böcker etc.) det som kallas copyrightmärke eller copyright notice dvs. bokstaven c inom en ring följd av rättighetshavarens namn och ett årtal (året för första utgivningen av verket). Denna copyrightmärkning har inte, som ovan konstaterats, någon direkt betydelse för upphovsrättsskydd i ett land anslutet till Bernkonventionen. Det har emellertid blivit internationell praxis att använda denna symbol, som har sitt ursprung i en annan internationell överenskommelse kallad Världskonventionen. Enligt denna konvention har anslutna länder rätt att i sin nationella lagstiftning uppställa formalitetskrav för upphovsrättsskydd, vilket t.ex. USA tidigare gjorde. USA är numera liksom de flesta andra länder ansluten till Bernkonventionen och därför krävs nu inte heller där att sådana formaliteter måste uppfyllas för att få skydd.

En fördel med att copyrightmärka exemplar av skyddade verk kan vara att symbolen uppfattas som ett varningsmärke och upplyser användare av verket om att det är skyddat och att tillstånd krävs för att få använda det.

Sammanfattningsvis; det kan alltså inte skada att copyrightmärka verk men det är inget rättsligt krav. Även utan copyrightmärke har du ett fullt lagligt skydd.

Bearbetare – arrangör

4§ första stycket

> *Den som översatt eller bearbetat ett verk eller överfört det till annan litteratur- eller konstart har upphovsrätt till verket i denna gestalt, men han äger inte förfoga däröver i strid mot upphovsrätten till originalverket.*

Också bearbetare och arrangörer kan vara upphovsmän i lagens mening och har då skydd enligt samma principer som gäller för en originalupphovsman och denna rätt är lika stark.

Alla former av bearbetningar (arrangemang) har dock inte skydd. Det krävs att bearbetningen innehåller ett mått av individuellt skapande, enligt samma principer som gäller för ett originalverk. Kraven är dock inte höga. Vad som faller utanför skyddet kan vara mycket enkla vanligt förekommande arrangemangslösningar, rutinmässiga ackordsättningar, transponeringar och liknande, som saknar individuell särprägel.

Bearbetningar kan naturligtvis göras av både skyddade och s.k. fria verk (dvs. verkets skyddstid har löpt ut, se nedan under skyddstid). Den som bearbetar ett skyddat verk får dock inte utnyttja bearbetningen utan tillstånd från rättighetshavaren till originalverket, t.ex. spela in bearbetningen på en skiva eller ge ut den på noter. När det gäller fria verk finns inga sådana restriktioner, det är fritt fram att bearbeta och bearbetningen får som sagt ett eget skydd.

På populärmusikens område, till skillnad från området för den s.k. seriösa musiken, har det dock – man kan kanske säga som en förutsättning för önskat resultat – utvecklats en praxis, som innebär att enkla arrangemang och bearbetningar anses få framföras offentligt och spelas in utan föregående tillstånd från originalupphovsmannen. Det beror helt enkelt på att inga sådana framföranden är helt identiska, varje orkester eller grupp har ju ett eget "sound" och sätt att spela och de kan också variera från gång till annan. Strikt formellt juridiskt skulle antagligen vissa av dessa bearbetningar kräva tillstånd från originalupphovsmannen för att få utnyttjas. Man bör vidare när det gäller bearbetningar av verk vara uppmärksam på en sak. Bearbetningen får inte innebära att originalverket förvanskas eller utnyttjas på ett sätt som kan anses kränkande för originalupphovsmannen. Då kan det i värsta fall bli fråga om en kränkning av den s.k. ideella rätten (mer om denna rätt nedan)

Nytt självständigt verk

4§ andra stycket

> *Har någon i fri anslutning till ett verk åstadkommit ett nytt och självständigt verk, är hans upphovsrätt ej beroende av rätten till originalverket.*

Av det ovan sagda framgår att det finns dels originalverk, t.ex. en ursprunglig komposition och dels bearbetningar av olika slag, där bearbetningar av skyddade verk normalt kräver tillstånd från originalupphovsmannen för att få exploateras på olika sätt.

Det finns vidare denna särskilda bestämmelse i lagen som behandlar vad som brukar kallas "nytt självständigt verk". Med det menas att man i fri anslutning till ett eller flera ursprungliga verk skapar ett nytt och självständigt verk. Upphovsmannen till det nya verket får en egen upphovsrätt till detta, som är oberoende av rätten till ursprungsverket. Det mesta skapas ju genom påverkan och inspiration från andra upphovsmäns verk. Detta är naturligtvis tillåtet. Det gäller dock att inte "hamna så nära" ett annat verk att det egentligen blir fråga om en tillståndspliktig bearbetning. Då krävs som sagt enligt huvudregeln tillstånd och bearbetningen kan inte presenteras som ett nytt verk. Det kan emellertid också vara så att man tar ett verk som utgångspunkt och på ett självständigt sätt skapar ett helt nytt verk. Det går visserligen kanske att känna igen det ursprungliga verket i det nya verket men så mycket nytt, personligt och originellt, har tillkommit att det nya verket får ett eget oberoende skydd. Här kan svåra gränsdragningsfrågor uppstå. Likheten med ursprungsverket kan till och med vara så stor att det kan vara fråga om ett plagiat, vilket kan innebära detsamma som en upphovsrättslig stöld och ett intrång i originalupphovsmannens upphovsrätt. Vi återkommer till plagiatfrågor senare men det kan redan nu vara på sin plats att varna för att utge sig som upphovsman till verk som uppvisar stora likheter med tidigare skapade verk.

Vid tveksamhet i detta avseende kontakta gärna din upphovsrättsorganisation eller någon specialist på området, innan du börjar exploatera ett verk.

Parodier och travestier

Upphovsmannens ensamrätt innebär som tidigare nämnts bl.a. att det inte är tillåtet att använda bearbetningar eller vidta ändringar beträffande skyddade verk utan dennes tillstånd. När det gäller så kallade parodier och travestier har det emellertid sedan länge ansetts tillåtet att göra sådana utan att behöva inhämta upphovsmannens tillstånd. I samband med tillkomsten av vår nuvarande upphovsrättslag underströks också att det inte var avsikten att ändra på denna praxis. En parodi eller en travesti är att betrakta som egna fristående verk även om mycket av de ursprungliga verken går att känna igen. Syftet med sådana alster är ofta att medvetet förvränga och förlöjliga tidigare förebilder och det har ansetts rimligt att sådant kan få ske utan några hinder i form av tillstånd. Observera dock att rätten att parodiera eller travestera inte gör det tillåtet att åka snålskjuts på andras verk t.ex. genom bearbetningar eller ändringar. För sådana åtgärder krävs alltid tillstånd när det är fråga om skyddade verk. Det kan också ligga nära till hans att det som påstås vara en parodi eller travesti i själva verket kan vara en fråga om ett plagiat eller en kränkning av den ursprunglige upphovsmannens ideella rätt.

Gemensam upphovsrätt

6§

> *Har ett verk två eller flera upphovsmän, vilkas bidrag icke utgöra självständiga verk, tillkommer upphovsrätten dem gemensamt. De äga dock var för sig beivra intrång i rätten.*

Inte sällan skapas verk gemensamt av två och ibland flera personer. Detta sker inte minst på det populärmusikaliska området. Samarbetet kan ske på olika sätt. En person skriver musiken, en annan texten till musiken. I ett sådant fall har kompositören en självständig rätt till sitt musikaliska verk och författaren en motsvarande rätt till sitt litterära verk . Och detta även om de samarbetat på så sätt att texten skrivits för musiken eller tvärtom. Den självständiga rätt som tillkommer verken innebär att i en framtid kompositören kan godkänna att en ny text skrivs till hans musik. Detta kan enligt huvudregeln den förste textförfattaren inte förhindra. På samma sätt kan en textförfattare godkänna att en annan kompositör än den ursprungliga får sätta ny musik till hans text. Kompositören och textförfattaren kan också ge ut musiken respektive texten separat utan att behöva be varandra om tillstånd. Det är helt enkelt så att vardera upphovsmannen har upphovsrätt till sitt verk och de vanliga reglerna om ensamrätt och förfoganderätt gäller.

Har samarbetet emellertid gått till på så sätt att t.ex. två personer tillsammans skrivit en komposition eller komposition och text i så nära samarbete att det är svårt att särskilja vardera personens bidrag i den färdiga produkten, då kan en särskild regel gälla, som handlar om s.k. "gemensam upphovsrätt". Regeln blir tilllämplig om bidragen till det färdiga verket inte utgör självständiga verk. Då tillkommer upphovsrätten upphovsmännen gemensamt, vilket innebär att tillstånd fordras från båda upphovsmännen för rätt att förfoga över verket.

En annan effekt av regeln om gemensamhetsverk är att skyddstiden räknas från utgången av den sist avlidnes dödsår.

Det kan här vara på sin plats att ge ett råd som rör anmälning av verk hos Stim. Var noga med att registreringen blir korrekt. Det är annars lätt gjort att anmälningskort fylls i så att kompositören och textförfattaren och kanske andra medverkande framstår som "gemensamma" upphovsmän medan i själva verket en komponerat, en annan skrivit texten och en tredje bearbetat. En sådan felaktig anmälan kan vara svår att ändra i efterhand. Tänk noga igenom hur skapandet gått till och registrera korrekt. Vid tveksamhet kontakta Stim eller annan upphovsrättsorganisation som du tillhör.

Ensamrättens huvudinnehåll

Det upphovsrättsliga skyddets innehåll är utformat så att den konstnärlige rättighetshavaren (upphovsmannen/kompositören/författaren och utövaren/artisten/musikern) har givits en ensamrätt till sina verk och prestationer. Ett syfte är att han skall kunna tillvarata sina ekonomiska och ideella intressen, att ge honom gynnsamma arbetsförutsättningar och därmed göra det möjligt för honom att försörja sig på sitt konstnärliga skapande. Lagstiftaren uttryckte det i samband med tillkomsten av vår nuvarande upphovsrättslag så, att upphovsmannen skulle förbehållas rätt att ekonomiskt tillgodogöra sig alla sådana nyttjanden av verket som hade praktisk betydelse. Ensamrätten är helt enkelt en nödvändig förutsättning för att musik och text skall kunna spridas till allmänheten och samtidigt garantera inkomster till rättighetshavaren.

Den snabba digitala utvecklingen har medfört en alltmer omfattande användning, lagring och spridning av musik och andra upphovsrättsligt skyddade alster, bl.a. genom olika nätverk som internet. En anpassning av skydd och rättigheter har därför bedömts motiverad.

WIPO (World Intellectual Property Organization), som är FNs organ för immaterialrätt, har en framträdande roll bl.a. när det gäller att följa utvecklingen av upphovsrätten och föreslå förändringar. 1996 antogs två viktiga internationella fördrag – WIPO Copyright Treaty och WIPO Performances and Phonograms treaty – vilka kompletterar och uppdaterar regleringen av upphovsrätten bl.a. i den digitala miljön.

Som en följd av denna utveckling har också ett EG-direktiv om upphovsrätten i informationssamhället tagits fram (direktiv 2001/29/EG) med syfte att anpassa lagstiftningen i medlemsländerna till denna tekniska utveckling. Det antogs den 22 maj 2001.

Den 1 juli 2005 infördes nya bestämmelser i den svenska upphovsrättslagen som anpassar denna till den digitala utvecklingen och till direktivets innehåll samtidigt som vissa terminologiska förändringar gjorts för att åstadkomma en bättre överensstämmelse med direktivet och med internationell upphovsrättsterminologi. Bland viktiga punkter i dessa lagändringar kan nämnas definitioner av upphovsrättsliga begrepp, bl.a. har införts det nya begreppet att "överföra verk till allmänheten" som omfattar alla distansöverföringar, t.ex. radio- och TV-sändningar, eller att lägga ut verk på internet eller motsvarande nätverk (tidigare inrymdes distansöverföringar under begreppet offentligt framförande i vår svenska lag). Dessutom har skyddet för närstående rättigheter förstärkts, genom skydd mot bearbetningar av inspelningar och genom att ensamrätt har införts för tillgängliggöranden on-demand av inspelningar (gällande tvångslicens har begränsats). Vidare har rätten att framställa kopior för enskilt bruk förtydligats och begränsats (benämns numera privat bruk) och nya bestämmelser om skydd för tekniska åtgärder införts.

Ensamrätten består av två huvuddelar, man brukar tala om en ekonomisk rätt och en ideell rätt.

Ekonomisk rätt

2 §

Upphovsrätt innefattar, med de inskränkningar som föreskrivs i det följande, uteslutande rätt att förfoga över verket genom att framställa exemplar av det och genom att göra det tillgängligt för allmänheten, i ursprungligt eller ändrat skick, i översättning eller bearbetning, i annan litteratur- eller konstart eller i annan teknik.

Framställning av exemplar innefattar varje direkt eller indirekt samt tillfällig eller permanent framställning av exemplar av verket, oavsett i vilken form eller med vilken metod den sker och oavsett om den sker helt eller delvis.

Verket görs tillgängligt för allmänheten i följande fall:

1. *När verket överförs till allmänheten. Detta sker när verket på trådbunden eller trådlös väg görs tillgängligt för allmänheten från en annan plats än den där allmänheten kan ta del av verket. Överföring till allmänheten innefattar överföring som sker på ett sådant sätt att enskilda kan få tillgång till verket från en plats och vid en tidpunkt som de själva väljer.*
2. *När verket framförs offentligt. Offentligt framförande innefattar endast sådana fall då verket görs tillgängligt för allmänheten med eller utan användning av ett tekniskt hjälpmedel på samma plats som den där allmänheten kan ta del av verket.*
3. *När exemplar av verket visas offentligt. Offentlig visning innefattar endast sådana fall då ett exemplar av ett verk görs tillgängligt för allmänheten utan användning av ett tekniskt hjälpmedel på samma plats som den där allmänheten kan ta del av exemplaret. Om ett tekniskt hjälpmedel används är det i stället ett offentligt framförande.*
4. *När exemplar av verket bjuds ut till försäljning, uthyrning eller utlåning eller annars sprids till allmänheten.*

Med överföring till allmänheten och offentligt framförande jämställs överföringar och framföranden som i förvärvsverksamhet anordnas till eller inför en större sluten krets. Lag (2005:359).

Den ekonomiska rätten eller "förfoganderätten" som den också brukar kallas innehåller i huvudsak följande:

Exemplarframställning/mångfaldigande

Upphovsmannen/utövaren har ensamrätt att bestämma över framställning av exemplar av sina verk och prestationer. Det kan t.ex. vara fråga om att spela in och ge ut musikaliska verk på en CD, att spela in en film, att trycka en bok etc. Ensamrätten gäller oavsett om det är fråga om att framställa ett eller flera exemplar och oavsett på vilket sätt mångfaldigandet sker. Detta har förtydligats i lagtexten – "varje direkt eller indirekt samt tillfällig eller permanent framställning av exemplar av verket oavsett i vilken form eller med vilken metod det sker och oavsett om det sker helt eller delvis". Enligt huvudregeln är det alltså olagligt att utan tillstånd kopiera skyddade verk och prestationer.

Vissa undantag finns från huvudregeln (se vidare nedan beträffande inskränkningar i upphovsrätten). Det är bl.a. tillåtet att framställa ett eller några få exemplar av offentliggjort verk – t.ex. kopiera det – men endast för privat bruk. Sådana kopior får inte användas för annat ändamål än privat bruk. Det framgår också av lagen att det inte är tillåtet att för privat bruk göra kopior av – ladda ner – upphovsrättsligt skyddat material, t.ex. musik, som utan upphovsmannens tillstånd lagts ut på digitala nätverk som internet.

Det är denna ensamrätt till varje form av mångfaldigande som bl.a. gör det möjligt för rättighetshavaren att ensam eller tillsammans med producenter och förläggare investera i framställning och utgivning av inspelningar av olika slag och förhoppningsvis få tillräcklig ekonomisk kompensation för de ekonomiska risker som tagits. Förvaltningen av inspelningsrättigheterna för musikupphovsmän och förlag sker normalt genom NCB, Nordisk Copyright Bureau.

Rätt att göra verk tillgängliga för allmänheten

Verk kan göras tillgängliga för allmänheten på olika sätt:

Överföring till allmänheten

Under detta nya begrepp sorterar alla nu kända och framtida former av tillgängliggöranden för allmänheten som sker på distans. Som exempel på sådan distansöverföring kan nämnas radio- och TV-sändningar, satellitsändningar och kabel-TV. Det är alltså fråga om överföringar som sker till en allmänhet som befinner sig på annan plats än den där själva åtgärden att överföra äger rum. Som överföring till allmänheten räknas också när enskilda personer kan få tillgång till ett visst verk ”från en plats och vid en tidpunkt som de själva väljer” som det heter i lagtexten. Som exempel kan nämnas tillgängliggöranden på internet eller genom andra nätverk där allmänheten på begäran kan få tillgång till verk. Härigenom klargörs att sådana on-demand-nyttjanden omfattas av upphovsmannens ensamrätt.

Offentligt framförande

Innan den senaste lagändringen trädde i kraft den 1 juli 2005 omfattade begreppet offentligt framförande också olika former av vad som nu kallas överföring till allmänheten. Det nya begreppet offentligt framförande har begränsats till att gälla alla framföranden som äger rum på samma plats som den där allmänheten kan ta del av verken. Till skillnad från distansöverföring till allmänheten är det alltså här fråga om att själva framförandet sker på den plats där allmänheten befinner sig. Ett typexempel är en livekonsert där musikerna spelar direkt inför en närvarande publik. Men även om ett tekniskt hjälpmedel av något slag används i samband med ett framförande och detta hjälpmedel finns på samma plats räknas det som offentligt framförande, t.ex. uppspelning av ett fonogram.

Offentlig visning

Med det menas att ett exemplar av ett verk, t.ex. ett bildkonstverk, visas för allmänheten, utan användning av något tekniskt hjälpmedel, på samma plats där allmänheten befinner sig. Används däremot i sådant sammanhang ett tekniskt hjälpmedel, blir det upphovsrättsligt att betrakta som offentligt framförande.

Spridning

Upphovsmannens ensamrätt omfattar också spridning av exemplar till allmänheten. Sådan spridning kan ske genom att exemplar bjuds ut till försäljning, uthyrning eller utlåning eller sprids på annat sätt. Det är till exempel inte tillåtet att utan rättighetshavarnas tillstånd hyra ut exemplar av musikaliska verk såsom CD-skivor eller exemplar av filmer eller videogram.

Överföringar och framföranden som i förvärvsverksamhet anordnas till eller inför en större sluten krets

Genom denna bestämmelse, som ibland kallas för kompletteringsregeln, jämställs en större sluten krets med en allmänhet. Det har ansetts rimligt att musikutnyttjanden som anordnas i förvärvsverksamhet (till exempel musik under arbetet för anställda och liknande situationer) inför eller till en sådan sluten krets skall omfattas av upphovsmannens ensamrätt och generera ersättning till denne, trots att musikanvändningen i strikt upphovsrättslig mening inte är öppen för allmänheten.

Inskränkningar i upphovsrätten

Upphovsrätten gäller inte oinskränkt i alla situationer och vid alla tillfällen.

Med hänsyn till olika allmänna och enskilda intressen har vissa s.k. inskränkningar gjorts i upphovsmannens ensamrätt. I vissa fall innebär inskränkningarna en rätt att fritt framställa exemplar och i andra fall rätt att fritt göra verk tillgängliga för allmänheten.

Som exempel på inskränkningar kan följande nämnas.

Framställning av tillfälliga exemplar,

11a§

Tillfälliga former av exemplar av verk får framställas, om framställningen utgör en integrerad och väsentlig del i en teknisk process och om exemplaren är flyktiga eller har underordnad betydelse i processen. Exemplaren får inte ha självständig ekonomisk betydelse. Framställning av exemplar enligt första stycket är tillåten bara om det enda syftet med framställningen är att möjliggöra

1. överföring i ett nät mellan tredje parter via en mellanhand, eller

2. laglig användning, dvs. användning som sker med tillstånd från upphovsmannen eller dennes rättsinnehavare, eller annan användning som inte är otillåten enligt denna lag.

Första och andra styckena ger inte rätt att framställa exemplar av litterära verk i form av datorprogram eller sammanställningar. Lag (2005:359).

Det är tillåtet att framställa tillfälliga former av exemplar som ett led i en teknisk process. Sådana exemplar skall vara ”flyktiga” eller av underordnad betydelse i en sådan process. Exemplaren får inte ha någon självständig ekonomisk betydelse. Det kan t.ex. vara fråga om tillfälliga exemplar som uppstår för att möjliggöra överföringar inom nätverk som internet. Sådana exemplar får inte sparas t.ex. i en dators hårddisk.

Framställning av exemplar för privat bruk,

12§

Var och en får för privat bruk framställa ett eller några få exemplar av offentliggjorda verk. Såvitt gäller litterära verk i skriftlig form får exemplarframställningen dock endast avse begränsade delar av verk eller sådana verk av begränsat omfång. Exemplaren får inte användas för andra ändamål än privat bruk.

Första stycket ger inte rätt att
1. uppföra byggnadsverk,
2. framställa exemplar av datorprogram, eller
3. framställa exemplar i digital form av sammanställningar i digital form.

Första stycket ger inte heller rätt att för privat bruk låta en utomstående
1. framställa exemplar av musikaliska verk eller filmverk,
2. framställa bruksföremål eller skulpturer, eller
3. genom konstnärligt förfarande efterbilda andra konstverk.

Denna paragraf ger inte rätt att framställa exemplar av ett verk när det exemplar som är den egentliga förlagan framställts eller gjorts tillgängligt för allmänheten i strid med 2§. Lag (2005:359).

Som ovan nämnts under rubriken Exemplarframställning/mångfaldigande är det tillåtet för var och en att för privat bruk göra ett eller några få exemplar av offentliggjorda verk. Med privat bruk menas att kopian endast får användas av den person som gjort kopian och av hans närmaste familje- och vänkrets. Både kretsen som kopian får användas av och antalet exemplar (ett eller några få) har begränsats i förhållande till tidigare. Kopian får alltså inte användas för något annat ändamål än för sådant privat bruk. Observera att det inte är tillåtet att framställa kopior med hjälp av någon utomstående, t.ex. ett kopieringsföretag. En särskild skrivning i lagen klargör att det inte är tillåtet att göra kopior för privat bruk om förlagan – det exemplar som ligger till grund för kopieringen – framställts eller gjorts tillgänglig utan tillstånd från upphovsmannen. Detta förbud innebär t.ex. att upphovsrättsligt skyddad musik, som utan upphovsmannens tillstånd lagts ut på internet, inte får kopieras för privat bruk. Rätten att göra kopior för privat bruk är alltså omgärdad av restriktioner. Kopiering i flera exemplar, kopiering från en olovlig förlaga (som gjorts utan upphovsmannens tillstånd), kopiering med hjälp av utomstående, kopiering där exemplaret används för att annat ändamål än det egentliga ändamålet ”privat bruk” – sådan kopiering är alltså var och en för sig otillåten enligt lagen.

Spridning av exemplar,

19§

När ett exemplar av ett verk med upphovsmannens samtycke har överlåtits inom Europeiska ekonomiska samarbetsområdet, får exemplaret spridas vidare.

Första stycket ger inte rätt att tillhandahålla allmänheten
1. exemplar av verk, utom byggnader och brukskonst, genom uthyrning eller andra jämförliga rättshandlingar, eller
2. exemplar av datorprogram i maskinläsbar form eller filmverk genom utlåning. Lag (2005:359).

Den ensamrätt till spridning som nämnts ovan gäller till dess att exemplar första gången överlåtits med upphovsmannens samtycke. När väl en sådan första spridning har skett får dessa exemplar enligt huvudregeln spridas vidare. Detta innebär att om man på vanligt sätt har köpt t.ex. en sådan grammofonskiva så har man därefter rätt att ge bort, sälja eller låna ut den. Detta brukar i upphovsrättssammanhang kallas att spridningsrätten har ”konsumerats”. Denna frihet till vidarespridning gäller dock inte vid uthyrning av verk till allmänheten. Sådan får alltså inte äga rum utan upphovsmannens tillstånd. Beträffande filmverk gäller vidare att exemplar av sådana inte heller får lånas ut till allmänheten utan upphovsmannens tillstånd. Den nu nämnda rätten till vidarespridning gäller exemplar som med upphovsmannens samtycke överlåtits inom det Europeiska ekonomiska samarbetsområdet (EES-området).

Fria offentliga framföranden,

21§

Var och en får, med undantag för filmverk och sceniska verk, framföra offentliggjorda verk offentligt
1. vid tillfällen där framförandet av sådana verk inte är det huvudsakliga, tillträdet är avgiftsfritt och anordnandet sker utan förvärvssyfte samt
2. vid undervisning eller gudstjänst.

Riksdagen samt statliga och kommunala myndigheter får i fall som avses i första stycket 1 även framföra offentliggjorda filmverk och sceniska verk. Verken får framföras endast genom en uppkoppling till ett externt nätverk som tillhandahålls i syfte att tillgodose ett allmänt informationsintresse. Framförandet får ske endast i riksdagens eller myndigheternas egna lokaler.

Första stycket 2 ger inte rätt att i förvärvssyfte framföra sammanställningar vid undervisning. Lag (2005:359).

Var och en får alltså fritt framföra offentliggjorda verk offentligt i följande fall.

1. Vid tillfällen där framförandet inte är det huvudsakliga, tillträdet är avgiftsfritt och anordnandet sker utan förvärvssyfte. Här kan svåra avgränsningsproblem uppstå som bl.a. Stim har att hantera. Vad innebär det t.ex. att själva framförandet inte är det huvudsakliga? Observera vidare att de tre förutsättningarna samtidigt skall vara uppfyllda för att bestämmelsen skall gälla.

2. Vid undervisning eller gudstjänst

Inskränkningarna enligt denna bestämmelse gäller inte för filmverk eller sceniska verk samt är endast tillämpliga vid offentliga framföranden och inte vid överföring till allmänheten (distansöverföring).

Rätt att citera,

22§

Var och en får citera ur offentliggjorda verk i överensstämmelse med god sed och i den omfattning som motiveras av ändamålet.

Det är tillåtet att i viss omfattning citera ur offentliggjorda verk. Förhandstillstånd erfordras inte och inte heller föreligger någon ersättningsplikt. Bestämmelsen gäller för alla typer av verk, alltså även t.ex. filmverk. Förutsättningar för citaträtten är att citat sker i överensstämmelse med god sed och i den omfattning som betingas av ändamålet. När citaträtten är tillämplig kan den utnyttjas såväl genom att citat tas in i exemplar och mångfaldigas, som genom att det görs tillgängligt för allmänheten genom överföring eller offentligt framförande. Citat kan exempelvis användas i kritik- eller debattsammanhang för att belysa eller understryka ett ställningstagande. Observera att citatet inte får vara längre än vad som är nödvändigt för det ändamål för vilket citatet utnyttjas.

Citatbestämmelsen skall inte tolkas så att man får framföra avsnitt ur verk i syfte att vidarebefordra den underhållning som verken kan ge, genom att t.ex. plocka ut "godbitarna" ur olika verk. Musikaliska potpurrier får alltså inte framställas med stöd av citatbestämmelsen.

Man får heller inte i en annons eller i andra kommersiella sammanhang utnyttja ett skönlitterärt citat eller en notbild med uppgift att tjäna som blickfång.

Andra inskränkningar

Det finns ytterligare ett antal inskränkningar i upphovsrätten som ger rätt att fritt utnyttja skyddade verk. Dessa återfinns i upphovsrättslagens andra kapitel och gäller bl.a.

- vissa arkiv och bibliotek
- funktionshindrades tillgång till exemplar
- information om dagshändelse
- sändningsföretags rätt att göra tillfälliga kopior (s.k. efemära upptagningar)
- framställning av samlingsverk vid undervisning
- spridning och visning av exemplar

Det är viktigt att komma ihåg att alla inskränkningar som finns i upphovsmannens ensamrätt enligt uttalanden i lagens förarbeten och enligt rättspraxis skall tolkas restriktivt, dvs. i tveksamma fall till rättighetshavarnas förmån. När fria utnyttjanden sker enligt ovan får heller inte upphovsmannens ideella rätt kränkas.

Ideell rätt

3§

Då exemplar av ett verk framställes eller verket göres tillgängligt för allmänheten, skall upphovsmannen angivas i den omfattning och på det sätt god sed kräver.

Ett verk må icke ändras så, att upphovsmannens litterära eller konstnärliga anseende eller egenart kränkes; ej heller må verket göras tillgängligt för allmänheten i sådan form eller i sådant sammanhang som är på angivet sätt kränkande för upphovsmannen.

Sin rätt enligt denna paragraf kan upphovsmannen med bindande verkan eftergiva endast såvitt angår en till art och omfattning begränsad användning av verket.

Den andra delen av upphovsrätten kallas ideell rätt (droit moral).

Upphovsrätten är av personlig natur. Upphovsmannen och utövaren/artisten har ofta starka känslomässiga band till sina prestationer. Vid sidan av den ekonomiska rätten finns därför en rätt av personlig art, som skyddar upphovsmannen/utövaren och deras prestationer. Den ideella rätten syftar till att ge möjligheter att ingripa mot olika former av utnyttjanden som kan uppfattas som kränkande. Ett uttryck för den vikt som lagstiftaren lagt vid den ideella rättens personliga karaktär är att den enligt svensk rätt aldrig kan överlåtas i sin helhet. Om en sådan total överlåtelse ändå äger rum blir den ogiltig. Rättighetshavaren har emellertid rätt att, som det heter, med bindande verkan efterge sin ideella rätt för en till art och omfattning begränsad användning. Det betyder att han t.ex. kan godkänna att hans verk får användas på ett visst sätt i reklamsammanhang, men han kan som sagt inte avtala bort hela rätten.

Denna s.k. ideella rätt kan delas upp i två delar.

Namnangivelserätt – s.k. credit

Den innebär en rätt att få sitt namn angivet på exemplar som framställs och i samband med att prestationer utnyttjas, t.ex. vid överföring till allmänheten och vid offentligt framförande. Detta skall ske som det heter i lagtexten ”i den omfattning och på det sätt god sed kräver”. Det innebär t.ex. att rättighetshavarnas namn regelmässigt skall anges när musik framförs på en konsert eller sänds ut i radio och TV. Det uttryck som allmänt brukar utnyttjas när man talar om denna rätt är att få ”credit”. Som man lätt förstår är creditfrågan viktig för rättighetshavaren personligen bl.a. genom att han för allmänheten på ett korrekt sätt förknippas med sina verk och prestationer. Att få credit i olika sammanhang kan också vara av betydelse för inkomster och framtida arbetstillfällen. Högsta domstolen har 1996 prövat ett creditärende, som gällde att Sveriges Television i olika TV-program spelat musik utan att ange kompositörernas och textförfattarnas namn. Domstolens fann att credit (namngivande) skulle ha givits i samband med radio- och TV-utsändningarna och att rättighetshavarna var berättigade till skadestånd.

Respekträtt

Verk och prestationer får inte ändras så att rättighetshavarens anseende eller egenart kränks. De får heller inte göras tillgängliga för allmänheten i sådan form eller i sådant sammanhang som är kränkande för rättighetshavarens anseende eller egenart. Det kan t.ex. vara otillåtet att använda en komposition i ett pornografiskt eller visst politiskt sammanhang eller att kombinera upphovsrättsliga verk och prestationer med reklambudskap. Högsta domstolen prövade 1975 ett ärende som gällde användning av ny text, som handlade om USAs krig i Vietnam, till en komposition Sveriges Flagga, kompositör Hugo Alfvén, författare K G Ossiannilsson. Domstolen fann att den nya texten utgjorde intrång i rättighetshavarnas ideella rätt.

Titelskydd

I upphovsrättslagen 50§ finns en särskild bestämmelse som syftar till att ge skydd åt titlar på verk. Den innebär att ett verk – en film, en bok, en komposition etc. – inte får göras tillgängligt för allmänheten med en sådan titel som lätt kan förväxlas med titlar på tidigare verk. En titel har alltså ett eget skydd. Den behöver inte vara originell eller särpräglad för att bestämmelsen skall gälla, men det krävs ändå en viss egenart. Det är viktigt både för upphovsmannen och för konsumenten att titelskyddet upprätthålls. Kompositörer kan vända sig till Stim och kontrollera om en titel är "upptagen" eller ej. Titeln kan i sig ha ett avsevärt ekonomiskt värde för upphovsmannen. För konsumenten kan användning av en förväxlingsbar eller identisk titel innebära att denne köper en biobiljett till "fel" film, köper fel bok eller grammofonskiva.

En titel kan också ha skydd som ett eget upphovsrättsligt verk. Det är fallet när titeln är så särpräglad att den uppfyller lagens krav på ett självständigt verk (verkshöjd).

Titelskyddet gäller utan tidsbegränsning och upphör alltså inte i och med att det skyddade verket blir fritt. För överträdelse av bestämmelsen om titelskyddet gäller samma regler som vid intrång i upphovsrätten. Högsta domstolen avgjorde 1986 ett titelskyddsmål beträffande titeln "Låt mig få tända ett ljus".

Skyddstider

Vi har då och då i texten talat om skyddade och fria verk och prestationer, vilket innebär att de har eller inte har upphovsrättsligt skydd beroende på de skyddstider som bestämts i lagstiftningen.

Upphovsrätten till verk har det starkaste skyddet tidsmässigt. Det gäller under upphovsmannens hela livstid och ytterligare i 70 kalenderår efter dödsåret. Först när denna tid gått ut får verket fritt utnyttjas, spelas in, överföras, framföras offentligt, bearbetas m.m. Samma sak gäller bearbetningar av verk, som är skyddade på samma sätt som originalkompositioner, dvs. under bearbetarens livstid och 70 år därefter. Det innebär till exempel att upphovsrätten till ett originalverk kan ha upphört men att bearbetningen av det fria verket fortfarande kan vara skyddad, vilken medför att bearbetarens tillstånd krävs för rätt att få utnyttja, t.ex. spela in och ge ut, den skyddade bearbetningen.

Som vi tidigare har nämnt gäller skyddstiden vid så kallat gemensamhetsverk i 70 år efter den sist avlidne upphovsmannens dödsår.

Den 1 november 2013 har en ny bestämmelse tillkommit som gäller om musik och text skapats speciellt för ett verk. Skyddstiden skall då för upphovsrätten till ett musikaliskt verk med text gälla till utgången av det sjuttionde året efter dödsåret för den sist avlidne av kompositören och textförfattaren.

Skyddstiden för de närstående rättigheterna, dvs. för bl.a. artister, musiker och grammofonproducenter är konstruerad på ett annat sätt. För dessa rättigheter gäller nu en 70-årig skyddstid (tidigare 50 år). Den förlängda skyddstiden infördes den 1 november 2013. Under denna tid får t.ex. inte kopior av inspelningar framställas utan tillstånd från utövande konstnärer och framställare. Efter utgången av 70-årsperioden får kopior fritt framställas. Observera dock den ovan nämnda längre skyddstiden för verk, vilket kan innebära att, trots att skyddstiden gått ut för fonogrammet, tillstånd kan behöva inhämtas från rättighetshavare (kompositörer och textförfattare) till de fortfarande skyddade verk, som kan förekomma på skivan.

Överlåtelse eller upplåtelse av upphovsrätt

Upphovsrätt kan helt eller delvis överlåtas, dock med den inskränkning som framgått ovan beträffande den ideella rätten, 27§. För att beteckna avgränsade överlåtelser brukar man i avtalssammanhang använda begreppet upplåtelse.

Överlåtelser: rättighetshavaren skiljer sig helt från sin rätt eller en bestämd del av denna (rättigheten byter ägare).

Upplåtelser: sådana kan avgränsas till rum, tid och/eller sätt. När avtalstiden gått till ända återgår rätten i det aktuella avseendet till upphovsmannen.

Den som förvärvat upphovsrätt efter överlåtelse/upplåtelse får enligt huvudregeln inte överlåta rätten vidare, 28§. Parterna kan dock i sitt avtal komma överens om att vidareöverlåtelse/upplåtelse får ske och på vilket sätt och i vilken utsträckning.

I upphovsrättslagen finns vidare vissa speciella regler för olika avtal, t.ex. förlagsavtal. Dessa regler är dispositiva, dvs. det står parterna fritt att genom avtal avvika från lagens bestämmelser.

På musikområdet finns t.ex. ett standardavtal – musikförlagsavtal – som reglerar villkoren vid avtal med musikförlag. Detta avtal eller avtal med annat innehåll kan alltså fritt ingås mellan parterna. Har ett sådant avtal ingåtts gäller dettas bestämmelser i stället för motsvarande regler i upphovsrättslagen.

Ett annat exempel på förfogande över upphovsrätt är anslutning till Stim, som innebär att upphovsmannen på de villkor som finns i anslutningskontraktet upplåter överförings- och framföranderätt samt mångfaldiganderätt (inspelningsrätt) vad gäller fonogram, film och andra videogram på Stim/NCB.

Upplåtelse kan vidare ske med eller utan ensamrätt för förvärvaren. Ensamrätt (exklusiv licens) innebär att den som förvärvat rätten kan hindra andra från att utnyttja ett verk, t.ex. ge ut det på noter. Om förvärvaren inte erhållit ensamrätt innebär det att andra intresserade också kan träffa avtal med upphovsmannen eller dennes organisation om rätt att utnyttja verken i fråga.

Förlagsavtal

Till Stim är som bekant kompositörer, textförfattare, bearbetare och musikförlag anslutna. De representeras av SKAP (Sveriges kompositörer och textförfattare), FST (Föreningen Svenska Tonsättare) och Musikförläggarna. Sedan länge har ett musikförlagsavtal tillämpats på området, som tagits fram av föreningarna. Detta gamla avtal var i stor utsträckning inriktat på att reglera tryckrättigheter beträffande noter, vilket var naturligt med tanke på att notutgivning i grafisk form då var det normala sättet för publicering. Detta avtal har nu efter långvariga förhandlingar mellan föreningarna ersatts av ett nytt standardavtal, benämnt Musikförlagsavtal, som dessa rekommenderar sina medlemmar att använda.

Det finns i upphovsrättslagen regler om förlagsavtal och andra avtal. Med förlagsavtal menas ett avtal mellan en upphovsman och en förläggare genom vilket upphovsmannen överlåter rätt till förläggaren att genom tryck eller liknande förfarande mångfaldiga och utge ett litterärt eller konstnärligt verk. Reglerna i lagen är, som man brukar säga, dispositiva. Med det menas att de inte är tvingande och att det står parterna fritt att avtala annorlunda. Lagreglerna är inte helt moderna genom sin inriktning på tryckrättigheter och därmed inte anpassade efter den utveckling som skett under de senaste decennierna särskilt på det populärmusikaliska området, t.ex. när det gäller att utgivning numera normalt sker på fonogram i stället för i notform. Därför har kompletteringar av lagreglerna och det gamla avtalet skett under hand mellan parterna med hänsyn till hur förlagsbranschen numera arbetar nationellt och internationellt, t.ex. när det gäller s.k. subförlagsavtal dvs. avtal mellan ett originalförlag och ett subförlag (en utländsk förläggare) beträffande representation av upphovsmannen i ett annat eller i andra territorier.

Det nya standardavtalet, som har tagits fram av föreningarna, är avsett att användas när det är fråga om att förlägga enstaka verk och/eller sångtexter. Det är däremot inte avsett att tillämpas i samband med ingående av vad som brukar kallas generalavtal, dvs. ett avtal varigenom upphovsmannen upplåter eller överlåter på förlaget alla de verk som han kommer att skapa under en viss i avtalet bestämd tid.

Några huvudpunkter i det nya musikförlagsavtalet är följande:

- avtalet skall gälla ett eller flera särskilt specificerade verk.
- avtalstiden kan bestämmas mellan parterna till antingen viss mellan dem bestämd avtalstid eller till att gälla under upphovsrättens hela skyddstid (upphovsmannens livstid + 70 kalenderår därefter) också kallat "life of copyright".
- det territorium för vilket avtalet skall gälla kan bestämmas till hela världen eller annat eller andra särskilt överenskomna territorier.
- när det gäller musikförlagets förfoganderätt sker en upplåtelse/överlåtelse av upphovsmannens rättigheter till verket/verken (dock inte den ideella rätten) men med möjlighet för parterna att undanta särskilt angivna nyttjandeområden, till exempel grafisk form, synkronisering, mekanisering eller annat särskilt angivet nyttjande som inte skall omfattas av förlagsavtalet. Det bör här påpekas att denna förlagets generella förfoganderätt normalt redan är begränsad genom upphovsmannens tidigare anslutning till Stim eller annan motsvarande utländsk systerorganisation.
- musikförlagets åtagande när det gäller att bedriva förlagsverksamheten kan kompletteras med särskilt överenskomna specifika åtaganden.

Avtalet innehåller också bestämmelser om verks nyttjande i grafisk form, om fördelning av ersättningar vid offentligt framförande och mekanisering, om fördelningar av ersättning mellan upphovsman och originalförlag vid subförläggning m.m. Den som är intresserad av ytterligare information om avtalet kan erhålla det genom kontakt med någon av föreningarna.

Några formkrav föreligger i och för sig inte beträffande förlagsavtal. Ett sådant kan alltså ingås muntligt och ändå vara gällande. Skriftlig form rekommenderas emellertid alltid. Avtal gäller ofta under en lång tid och det kan vara svårt för parterna att i efterhand fastställa vad som har överenskommits muntligt.

Avtalslicenser

När det gäller användning av stora mängder skyddade verk och prestationer, både inhemska och utländska, kan det många gånger vara svårt om ens möjligt att i förväg inhämta alla erforderliga tillstånd från berörda rättighetshavare. Som exempel kan nämnas radio och TV-sändningar. För att underlätta den upphovsrättsliga hanteringen har därför i upphovsrättslagen införts särskilda bestämmelser för vissa sådana fall av utnyttjanden samt också en generell bestämmelse. Detta kallas med upphovsrättslagens terminologi för avtalslicens. Det har tillkommit i första hand för att förenkla utnyttjandet i vissa fall av verk och prestationer, där det har ansetts rimligt att allmänheten bör få tillgång till sådana. Den 1 november 2013 tillkom nya bestämmelser i lagen som utvidgar och förbättrar sådana möjligheter. Avtalslicens möjliggör för en licenstagare att träffa avtal med rättighetshavarnas representativa huvudorganisationer. När ett sådant avtal blir gällande, får det avtalslicensverkan för rättighetshavare utanför organisationen i fråga, t.ex. utländska upphovsmän. Dessa garanteras då genom avtalet likvärdig behandling när det gäller rätt till ersättning samt har också rätten att förbjuda användning av sina verk i det aktuella sammanhanget.

Några exempel på områden för avtalslicens:

– avtalslicens för myndigheter, företag och organisationer m.fl.
– avtalslicens för undervisningsverksamhet
– avtalslicens för vissa arkiv och bibliotek
– avtalslicenser för radio och TV

Intrång i upphovsrätten

Det måste finnas möjlighet att kunna kraftfullt reagera mot olika former av intrång i upphovsrätten. Samhället såg tidigare inte tillräckligt allvarligt på upphovsrättsintrång och för allmänheten var det – och är det nog tyvärr fortfarande på sina håll – svårare att inse det allvarliga med upphovsrättsintrång än att fördöma brott som t.ex. stöld och bedrägeri, medan det i själva verket är just detta det som det är fråga om, när någon medvetet plagierar en annan melodi eller framställer och ger ut piratskivor.

Genom upphovsrättslagen 1960 infördes den viktiga ändringen att intrång i upphovsrätten gjordes till angivelsebrott. Det blev åklagarens uppgift att föra talan efter anmälan från upphovsmannen och utredning sker genom det allmännas försorg. Denna ändring var av stor betydelse för möjligheterna att i praktiken komma till rätta med upphovsrättsintrång. Den alltmer omfattande piratverksamheten av CD och film, inte minst internationellt, har medverkat till att lagstiftningen efterhand har skärpts. 1982 infördes ytterligare straffskärpningar. Fängelsestraff kan nu utdömas upp till två år (tidigare sex månader). Också åtalsreglerna förbättrades. Brott mot upphovsrätten ligger under allmänt åtal, och det krävs normalt en angivelse från målsäganden (upphovsmannen) för att ett fall skall tas upp. Men åklagaren kan även själv väcka åtal, om det anses erforderligt från allmän synpunkt, t.ex. för att komma åt en piratkopieringsverksamhet som sker i stor omfattning av upphovsrättsligt skyddad material. Sådana mål har också lett till kännbara fängelsestraff och höga böter har utdömts. För att straff skall kunna utdömas krävs att intrång skett med uppsåt (dvs med avsikt) eller av grov oaktsamhet.

Vid intrång i upphovsrätten kan utöver böter eller fängelse domstol vidare besluta om att skadestånd skall utgå. Den som i strid mot lagen utnyttjar ett verk skall betala skäligt vederlag till upphovsmannen. Om ett intrång har skett av oaktsamhet (här krävs ej grov oaktsamhet) eller med uppsåt skall vidare – utöver direkt ersättning till rättighetshavaren för det utnyttjande som ägt rum – ersättning också erläggas för den skada i övrigt som kan anses ha uppstått, t.ex. ersättning för lidande och ekonomiska förluster. Ersättningsskyldighet föreligger dock inte för den som enbart överträtt förbudet mot kopiering för privat bruk från en olovlig förlaga och varit i god tro – dvs. varken känt till eller haft skälig anledning till att misstänka att underlaget för kopieringen varit olagligt – eller varit oaktsam. För ersättningsskyldighet i ett sådant fall krävs att överträdelsen skett av grov oaktsamhet eller uppsåtligen.

Också en annan sanktionsmöjlighet föreligger enligt upphovsrättslagen, nämligen vitesförbud mot intrång. Vitesförbud ger möjligheter till snabba och effektiva ingripanden. Domstol kan med stöd av dessa regler förbjuda fortsatta intrång vid äventyr av mycket höga viten. Nya bestämmelser från 2009, den s.k. Ipredlagen, möjliggör också domstolsförelägganden mot misstänkta intrång (se nedan).

Genom domstolsutslag har en utveckling ägt rum som innebär att den krets av personer som kan hållas ansvarig för intrång har utvidgats. Flera olika personer, som på något sätt har varit inblandade i upphovsrättsliga intrång, kan således bli ansvariga och straffade samt skyldiga att utge skadestånd till upphovsmannen/utövaren. Som exempel kan nämnas ordföranden i en dansförening, den som haft den faktiska kontrollen över ett offentligt framförande, anordnaren, dvs. den som hade polistillståndet, innehavaren av ett etablissemang, lokaluthyraren, den ansvarige utgivaren, firmatecknaren, den som haft hand om de praktiska arrangemangen. Ingen som direkt eller indirekt är medhjälpare i samband med intrång kan vara riktigt säker på att inte få sin sak prövad. Det är angeläget att en motsvarande krets etableras när det gäller olagligt agerande på internet och i motsvarande digitala sammanhang.

Straffskärpningarna och klargöranden av gärningsmannabegreppet har sannolikt bidragit till att öka respekten för upphovsrätten. Om du anser att du har blivit utsatt för någon form av upphovsrättsligt övergrepp, tveka då inte att agera. Tala med din upphovsrättsorganisation och undersök möjligheterna till rättelse och upprättelse. Det kan vara lika allvarligt att förgripa sig på din upphovsrätt som att bryta sig in i din bostad och stjäla dina tillhörigheter.

Vi kommer nedan under rubriken piratkopiering att i korthet beskriva vissa av de omfattande olagligheter som förekommer inom den s.k. piratverksamheten på fonogram- och videogramområdena samt i den digitala miljön.

Plagiatfrågor

Som vi tidigare har konstaterat skapas inte sällan nya verk med utgångspunkt i redan existerande verk och med inspiration t. ex. från en aktuell musikstil och ett populärt ”sound”. Detta medför i normalfallet inga upphovsrättsliga problem. Som bekant kan det emellertid bli fråga om huruvida vad som påstås vara ett ”nytt” verk i själva verket helt eller delvis inte är något annat än en efterbildning av ett eller flera redan existerande verk. Vi kan då ha att göra med vad som i dagligt tal kallas plagiat, vilket i extremfallet inte är något annat än en ren upphovsrättslig stöld – någon har utgett sig som upphovsman till den egentlige kompositörens verk. Detta kan utgöra ett regelrätt intrång i ursprunglige kompositörens upphovsrätt och leda till straff och kännbara skadestånd. Som vi tidigare nämnt finns ett mycket personligt band mellan upphovsmannen och hans musikaliska verk och det kan uppfattas som djupt kränkande att ha blivit ”bestulen” på sitt andliga skapande. Det kan också medföra negativa ekonomiska konsekvenser för originalupphovsmannen.

Det finns inte någon exakt formel som ger svar på när plagiat, som skett medvetet eller omedvetet, kan sägas uppstå. Det blir i första hand en fråga om att göra en likhetsbedömning mellan de aktuella verken. Är likheten stor, särskilt med det tidigare verkets särpräglade och originella avsnitt, kan det vara en omständighet som talar för att ett plagiat kan anses föreligga.

En varning är här på sin plats. Är du som kompositör det minsta osäker på om du i alltför hög grad har inspirerats av ett annat verk eller kommit att ”låna” avsnitt ur redan befintliga verk, försök då att reda ut detta innan publicering sker, för att undvika risk för påståenden om plagiat. Sådana ärenden kan annars bli både plågsamma, tidsödande och kostsamma för de inblandade.

Inom Stim finns en bedömningskommitté för musik och upphovsrätt till vilken du som ansluten upphovsman eller förlag kan vända dig. Kommittén granskar de aktuella verken och lämnar ett utlåtande till de inblandade. Det är inte fråga om något officiellt bindande beslut, utan bör ses som ett underlag för parterna i deras försök att nå en uppgörelse i ärendet. Kanske ett resultat blir att den ena parten drar tillbaka sitt verk ur Stim:s verksregister. Ett annat kan vara att parterna enas om att se den senare versionen som en bearbetning av det redan tidigare skyddade verket.

Kan parterna inte enas om en lösning är en sista utväg att pröva frågan rättsligt. Högsta domstolen avgjorde 2002 ett plagiatmål, som handlade om likheter mellan två musikslingor. Domstolen fann att det vara fråga om en otillåten efterbildning.

På senare tid har i vissa reklamsammanhang förekommit musik som uppvisat stora likheter med populära melodier. Det har helt enkelt gått till så att ett företag som inte lyckats förvärva rätten till ett känt verk, som företaget önskat utnyttja, har vänt sig till en låtskrivare eller arrangör och beställt ett verk som skall påminna om det man inte fått tillstånd till att nyttja. Här finns en klar risk att låtskrivaren i fråga för att tillgodose beställarens önskemål "lånar" för mycket och "lägger sig för nära". Detta har också skett med kännbara skadestånd som följd.

Sampling

I samband med bl.a. komponerande, bearbetning och inspelning utnyttjas i allt större omfattning digital samplingteknik i olika former. Användning av bl.a. denna teknik kan innebära upphovsrättsliga utnyttjanden som berör både upphovsmän, utövande konstnärer och grammofonbolag.

Upphovsrätt kan föreligga till mycket korta avsnitt av en komposition, ett framförande och en inspelning. Inte bara en komposition i sin helhet utan också korta delar av den har, som tidigare nämnts, upphovsrättsligt skydd om de allmänna kraven på verkshöjd är uppfyllda. Även om en på sin tid populär monolog

”Rockfnykis” i Martin Ljungs gestaltning var rolig, hade denne alltså fel i sitt påstående att det alltid är tillåtet att stjäla fyra takter. Saknas tillstånd i förväg från upphovsmannen till sådant utnyttjande, också i bearbetad form, kan användningen bli att betrakta som ett intrång. Även den ideella rätten kan komma att kränkas.

Ett råd är därför att alltid, vid tveksamhet om otillåten sampling kan ha ägt rum, i god tid före publicering ta upp rättighetsfrågan med aktuell rättighetshavare. Den enklaste vägen är normalt att diskutera frågan med din upphovsrättsorganisation, med det samplade verkets förlag eller direkt med upphovsmannen.

Inte sällan förekommer skrivningar i utländska och numera ibland också i svenska inspelningsavtal, som lägger hela ansvaret för sampling upphovsrättsligt och ekonomiskt på kompositören/artisten, vars prestationer skall inspelas. Detta kan möjligen vara berättigat om denne ensam är kompositör eller bearbetare och har full kontroll över det sätt på vilket inspelningen sker. Är det däremot fråga om inspelning också av andras verk är det inte rimligt att ta på sig ett sådant ansvar. Kontakta därför din organisation om det uppstår tveksamhet om den reella innebörden av avtalsförslag som innehåller bestämmelser rörande ansvar för sampling.

Piratverksamhet, piracy

Piratkopiering i olika former har blivit ett allt större upphovsrättsligt problem. Detta gäller både fonogram, film och datorprogram. På fonogramområdet har man tidigare brukat tala om tre huvudområden av piratverksamhet: piratkopior, counterfeit och bootleg. Nu har ett fjärde område tillkommit som gäller olovliga utnyttjanden av verk i den digitala miljön på internet och i andra nätverk. Dessa och andra former av inte sällan organiserat pirateri äger rum utan tillstånd från och ersättning till upphovsmän, utövare och grammofonproducenter och vållar stor ekonomisk och annan skada.

Piratkopior

Härmed avses allmänt olovlig kopiering och försäljning av originalinspelningar. Ofta görs dessa kopior för export utan egentliga försök att efterlikna originalen och de tillverkas främst i länder med bristfällig lagstiftning.

Counterfeit

Med det menas kopior som tillverkas för att i så stor utsträckning som möjligt efterlikna originalprodukterna, deras konvolut och etiketter. Dagen teknik möjliggör en omfattande framställning av kopior som nästan är omöjliga att skilja från originalen.

Bootleg

Bootleg innebär att otillåtna inspelningar görs från livekonserter eller radio-och TV-utsändningar. Dessa inspelningar mångfaldigas därefter och ges ut olagligt. Piraten inhämtar inga tillstånd och betalar ingen ersättning. Kvaliteten på exemplaren kan ofta vara undermålig.

Internetpiracy

I allt större omfattning utnyttjas musik olovligen på internet genom att verk och prestationer utan rättighetshavarnas tillstånd läggs ut på nätet för att därefter laddas ner och kopieras av den enskilde. Upphovsrättsligt är åtgärden att göra ett verk tillgängligt (ladda upp) på internet en överföring till allmänheten som omfattas av upphovsmannens ensamrätt. S.k. fildelningar på nätet av sådant material är alltså inte tillåtna utan tillstånd. Det är sedan inte heller tillåtet att kopiera (framställa exemplar av verk) från sådana otillåtna utläggningar. En förklaring till det omfattande olovliga utnyttjandet på internet är säkert ren okunnighet om de upphovsrättsliga regler som gäller. Många tycks fortfarande utgå från att det inte finns några upphovsrättsliga hinder när det gäller att utnyttja musiken på internet och i andra nätverk. Insatser av informations- och utbildningskaraktär bör därför – nationellt och internationellt – göras för att förhindra att den illegala verksamheten accelererar ytterligare. Genom att sprida kunskap om vad som är lagligt och olagligt i den digitala miljön och inte minst genom att tillhandahålla för kunderna intressanta lagliga alternativ för användning av musik på nätet, kan sannolikt det omfattande olagliga nyttjandet avsevärt reduceras. Alltfler sådana lagliga alternativ har också tillkommit på senare tid. En erfarenhet är vidare att många av de aktörer som får relevant information omgående upphör med sin olagliga verksamhet.

Skydd för tekniska åtgärder m.m.

Nya bestämmelser gäller om skydd för tekniska åtgärder, vilka syftar till att skydda rättighetshavarna mot olika otillåtna utnyttjanden av deras verk och prestationer i digitala sammanhang såsom internet och andra nationella eller internationella nätverk. Bestämmelserna innebär att det är straffbart att utan samtycke från upphovsmannen kringgå olika tekniska åtgärder, till exempel digitala kopieringsspärrar eller att dekryptera datorprogram, som begränsar möjligheterna till framställning av exemplar. Det är också förbjudet att tillverka och sprida produkter som syftar till att kringgå sådana tekniska åtgärder. Det är vidare förbjudet att avlägsna eller ändra information om rättighetsförvaltning som gäller upphovsrättsligt skyddade verk.

"Ipredlagen"

Ipredlagen är en benämning på de nya bestämmelser som har införts i upphovsrättslagen för att ge rättighetshavare förbättrade möjligheter att komma till rätta med intrång i deras rättigheter, bland annat så kallad olovlig fildelning. Namnet Ipred utgör en förkortning av ett EG- direktiv från 2004, Intellectual Property Rights Enforcement Directive, på svenska sanktionsdirektivet.

Den nya lagstiftningen trädde i kraft den 1 april 2009 (SFS 2009:109) och ger en upphovsman eller annan rättighetshavare möjlighet att genom domstol ålägga till exempel en internetoperatör att lämna ut uppgifter om ip-adresser och annan information beträffande den eller de som gjort ett intrång eller medverkat till ett sådant.

Lagen är tillämplig vid till exempel olovlig uppladdning av verk genom fildelning på internet och också när det är fråga om nedladdning. Det skall föreligga sannolika skäl för att ett intrång har begåtts och det skall handla om en verksamhet av viss omfattning. Domstolen får här göra en så kallad proportionalitetsbedömning i varje särskilt fall, där nyttan av informationen för upphovsmannen får vägas mot bland annat den enskildes integritetsintresse. Är det fråga om att någon gör en nedladdning av endast något eller några få verk vid något enstaka tillfälle kan en sådan bedömning ge till resultat att begärda uppgifter inte skall lämnas ut och att något förläggande därför inte meddelas. Ett syfte med de nya bestämmelserna är emellertid att domstolsingripanden i normalfallet skall kunna ske vid uppladdning utan tillstånd av skyddat material samt också när någon gör flera olovliga nedladdningar.

Den närmaste framtiden och utvecklingen i rättspraxis får utvisa hur effektiva de nya bestämmelserna visar sig vara när det gäller förbättrade möjligheter för rättighetshavarna att ingripa mot intrång i deras rättigheter och erhålla skadestånd.

Internationellt samarbete

Upphovsrätten är egentligen nationellt avgränsad. De rättigheter och det skydd som svensk upphovsrättslag ger gäller endast i Sverige. Genom anslutning till olika internationella upphovsrättskonventioner m.m. uppnås emellertid det resultatet att svenska upphovsmän och utövare m.fl. erhåller skydd också i andra länder enligt de ländernas lagstiftning. På motsvarande sätt erhåller utländska rättighetshavare skydd i Sverige enligt den svenska upphovsrättslagen.

Musiken är till sin natur gränslös. Den har ett språk som kan förstås av alla. Den sprids också i dag gränslöst på ett sätt som för bara några decennier sedan var omöjligt att föreställa sig, t.ex. via satelliter, internet och liknande nätverk. Den kan lagras, kopieras och spridas i en omfattning och på sätt som tidigare var otänkbara. Och den tekniska utvecklingen accelererar.

Man kan konstatera att våra "förfäder" på upphovsrättsområdet var synnerligen framsynta. Redan under senare delen av 1800-talet tillkom den s.k. Bernkonventionen för skydd av litterära och konstnärliga verk. Därefter har många andra viktiga konventioner och andra internationella överenskommelser tillkommit, till exempel Världskonventionen om upphovsrätt i mitten av 1900-talet och 1961 den s.k. Romkonventionen (Internationell konvention om skydd för utövande konstnärer, framställare av fonogram samt radioföretag) som behandlar de s.k.

närstående rättigheterna. Men den viktigaste och för upphovsmännen grundläggande är Bernkonventionen som i dag har 167 anslutna stater.

Konventionernas medlemsländer förpliktigar sig att uppfylla vissa mimimikrav i den nationella lagstiftningen. En annan viktig regel gäller s.k. nationell behandling, vilket innebär att varje stat är skyldig att ge upphovsmän, artister, musiker från andra länder ett minst lika gott skydd som staten i fråga ger sina egna rättighetshavare. Diskriminering får således inte förekomma. En utländsk kompositör, som kommer från ett land som är anslutet till Bernkonventionen, skyddas alltså i Sverige, när verket utnyttjas här, genom bestämmelserna i den svenska upphovsrättslagen på samma sätt som gäller för svenska verk.

En annan viktig verksamhet på internationell nivå bedrivs inom FNs organ för immaterialrätt WIPO (World Intellectual Property Organization) som bl.a. ansvarar för Bernkonventionen och har utarbetat fördrag för hanteringen av upphovsrätt och närstående rättigheter i den moderna tekniska miljön. EUs verksamhet på upphovsrättsområdet de senaste decennierna har vidare medfört en harmonisering och klar förstärkning av rättigheter och skydd i medlemsländerna genom att dessa införlivat olika EG-direktiv i den nationella lagstiftningen.

Med utgångspunkt från dessa internationella överenskommelser och ländernas nationella lagstiftning har möjligheter skapats för att knyta samman den upphovsrättsliga bevakningen av rättigheterna genom rättighetshavarnas egna organisationer. På så sätt finns i dag en så gott som heltäckande bevakning av musikområdet genom organisationer som Stim/NCB och SAMI samt deras utländska motsvarigheter. Genom s.k. ömsesidighetsavtal mellan de olika nationella organisationerna bevakar dessa varandras rättigheter i respektive land, inkasserar ersättningar från sina kunder för användning av världsrepertoaren, vilka sedan överförs till respektive land för vidare befordran genom vederbörande organisation till den kompositör eller artist vars musik har utnyttjats. Också fackliga organisationer såsom Musikerförbundet och deras internationella samarbetsorgan är viktiga aktörer på upphovsrättsområdet, både som företrädare och påtryckningsorgan i lagstiftningsammanhang och i samband med fastläggande av normer och principer för inspelningsavtal och andra avtal som reglerar överlåtelser och upplåtelser av rättigheter.

KAPITEL 3

"Närstående rättigheter"

Närstående rättigheter kallas i upphovsrättslagen vissa rättigheter som står den egentliga upphovsrätten nära och ofta har ett samband med upphovsmannens skapande verksamhet. Den snabba tekniska utvecklingen bland annat på inspelnings- och utsändningsområdena har motiverat att också dessa rättighetshavare - bl.a. musiker, artister, sångare, grammofonproducenter, filmproducenter, sändningsföretag - har ett eget upphovsrättsligt skydd, bland annat för att de effektivt skall kunna kontrollera hur deras prestationer på olika sätt utnyttjas. Dessa rättigheter innebär, i huvudsak på motsvarande sätt som beträffande den ovan beskrivna upphovsrätten, en ensamrätt att bestämma över olika utnyttjanden. Nedan anges i korthet huvudinnehållet i dessa rättigheter. Bestämmelserna återfinns i första hand i upphovsrättslagens femte kapitel (se bilaga, upphovsrättslagen).

Till de närstående rättighetshavarna räknas bland annat:
- så kallade utövande konstnärer (artister, musiker m.fl.)
- framställare av ljud- eller bildupptagningar /t.ex. grammofonproducenter och filmproducenter
- radio- och TV-företag

Skyddet för de närstående rättigheterna innebär i huvudsak följande.

Utövande konstnärer (musiker, artister m.fl.)

Utövande konstnärer är lagens beteckning för de personer som på olika sätt och i olika roller framför verk. Hit hör till exempel musiker, sångare, skådespelare och andra artister, som alla alltså har det gemensamt att de framför vad som är att betrakta som verk enligt upphovsrättslagen. Skyddet gäller oavsett om det verk som framförs är skyddat eller om skyddstiden för verket har gått ut, dvs. verket som sådant är fritt. Däremot föreligger inte upphovsrättsskydd för liknande prestationer som utförs av till exempel cirkusartister, trollkonstnärer, idrottsmän m.fl., eftersom det i sådana fall inte är fråga om framföranden av verk i upphovsrättslagens mening.

Utan tillstånd från den utövande konstnären är det inte tillåtet att

– göra en inspelning på t.ex en grammofonskiva, på film eller på annat sätt av hans framförande av verk (inspelningsskydd)
– göra ett framförande "live" eller en inspelning av ett sådant tillgängligt för allmänheten t.ex. genom utsändning i radio eller television (utsändningsskydd)
– framställa exemplar av en inspelning av ett framförande (kopieringsskydd)
– sprida exemplar av inspelningar till allmänheten (Vissa inskränkningar finns dock.)

När det gäller framföranden av upptagningar finns dock en så kallad inskränkning i ensamrätten (tvångslicens) som innebär att offentliggjorda inspelningar får användas utan särskilt tillstånd vid radio- och televisionsutsändningar och vid annat offentligt framförande. (Denna inskränkning gäller dock inte i de fall där en enskild person själv kan välja plats och tidpunkt, med ett engelskt uttryck "on demand". I sådana fall gäller den utövande konstnärens ensamrätt). När tvångslicensen utnyttjas har utövaren rätt till ersättning för offentligt utnyttjande av ljudinspelningar.

De utövande konstnärernas spridningsrätt innebär, med vissa inskränkningar enligt lagen, en ensamrätt att kontrollera spridningen av inspelningar till allmänheten. De har också en uthyrningsrätt, när det gäller uthyrning till allmänheten av exemplar av gjorda inspelningar.

De utövande konstnärerna har på samma sätt som upphovsmännen en ideell rätt. Den innebär att deras namn skall anges i överensstämmelse med god sed när deras prestationer spelas in eller framförs till exempel på en konsert eller i radio eller TV. Vidare innebär skyddet att åtgärder inte får vidtas som kränker den utövande konstnärens anseende och egenart.

Skyddstiden för de utövande konstnärernas rättigheter till ljudupptagning är 70 år (tidigare 50 år).

Framställare av ljud- eller bildupptagningar

Fonogramframställare är den som framställer olika former av ljudinspelningar. Skyddet är en form av producentskydd som gäller såväl inspelningar av verk som inspelningar av alla andra former av ljud, till exempel fågelsång och trafikbuller.

Ett motsvarande producentskydd finns också för framställare av filmer, videogram och för andra anordningar på vilka rörliga bilder upptagits.

Framställarens/producentens rätt innebär att en upptagning inte får eftergöras utan samtycke av denne (kopieringsskydd). Observera när det är fråga om filmer att sådana ofta är att betrakta som filmverk och i sådana fall också har ett eget upphovsrättsligt skydd enligt upphovsrättslagen. Samma ersättningsrätt (tvångslicens) vid offentliga framföranden av inspelningar, som gäller enligt ovan för den utövande konstnären, gäller också för fonogramframställarens inspelningar.

Framställarna/producenterna har också som de utövande konstnärerna en spridningsrätt till allmänheten av exemplar.

Skyddstiden för rättigheter till ljudupptagningar är 70 år (tidigare 50 år).

Radio- och TV-företag

Radio- och TV-företagens rättigheter enligt upphovsrättslagen omfattar alla olika former av utsändningar. Det är själva utsändningarna som är skyddade och det oberoende av innehåll och vad det är för slags program som utsänds. Rätten brukar därför benämnas som en signalrätt. I många fall har själva de program som utsänds också en egen upphovsrätt som verk.

Skyddet gäller främst i följande fall. Utan tillstånd från det sändande företaget är det inte tillåtet att spela in sändningar, att återutsända utsändningar, att kopiera inspelningar. Vidare finns ett skydd mot spridning till allmänheten av upptagningar av utsändningar. Dessutom finns en bestämmelse om att utsändningar inte får återges på platser där allmänheten har tillträde mot erläggande av inträdesavgift.

Rättigheterna har en skyddstid på 50 år räknat från det år när utsändningen gjordes.

Den som vidtar åtgärder som innebär intrång i de ovan nämnda närstående rättigheterna kan dömas till ansvar på samma sätt som gäller för intrång och bli skadeståndsskyldig enligt bestämmelserna för den egentliga upphovsrätten.

KAPITEL 4

Från A till Ö – musikjuridisk ordlista med förklaringar

A.

Ansluten/anslutning (Exempel, Stim resp. SAMI)
Ansluten till Stim kan varje upphovsman eller musikförlag bli som under löpande eller föregående år fått minst ett verk överfört till allmänheten, offentligt framfört eller mekaniskt mångfaldigat, dvs. inspelat på skiva, band, film eller videogram eller på annat sätt.

Ansluten till Stim som upphovsman kan den bli som är: kompositör, författare, bearbetare. Det är också möjligt att ansluta sig till Stim som innehavare av upphovsrätt på grund av giftorätt, arv eller testamente (*arv).

Som huvudregel gäller för anslutning av fysisk person att denne skall vara svensk medborgare eller stadigvarande bosatt i Sverige. Som villkor för anslutning av musikförlag gäller att förlaget i sin verksamhet utger musikaliska verk.

Anslutning av upphovsman är kostnadsfri, medan musikförlag erlägger en mindre avgift.

Ansluten till SAMI kan varje utövande konstnär bli som medverkat vid inspelning som är skyddad enligt svensk lag och som genom nyttjande kan generera inkomst åt utövaren.

Som huvudregel gäller för anslutning av fysisk person att denna skall vara svensk medborgare eller stadigvarande bosatt i Sverige. Utländsk utövare kan också anslutas om denne kommer från land utan motsvarande organisation eller utan ömsesidighetsavtal med SAMI.

Anslutningen är kostnadsfri.

Anslutningskontrakt (Stim, SAMI)

Genom att teckna anslutningskontrakt med Stim upplåter den anslutne på Stim alla sina rättigheter till *överföring till allmänheten av sina verk, *offentligt framförande av sina verk och *mekaniskt mångfaldigande (inspelning) av sina verk, såvitt gäller musikaliska verk och därtill hörande texter. Den anslutne upplåter normalt också inspelningsrättigheterna till sina litterära verk, även utan koppling till musikaliska verk, och till sina musikdramatiska verk. Endast undantagsvis upplåter den anslutne på Stim överföringsrätt/framföranderätt till sina *musikdramatiska verk (*stora rättigheter).

Överlåtelsen innebär att Stim inträder i den anslutnes ställe och att dennes verk – både befintliga och kommande – ingår i den repertoar som Stim mot ersättning ställer till förfogande för sina kunder, t.ex. konsertarrangörer och sändningsföretag och genom NCB för grammofon- och filmproducenter. Stim förbinder sig att, när verken överförts till allmänheten/framförts offentligt respektive inspelats, betala ersättning till den anslutne efter de grunder som anges i Stims stadgar och fördelningsregler.

Så länge den anslutne har avtal med Stim får han enligt huvudregeln inte själv upplåta sina musikaliska verk till överföring/framförande eller inspelning.

Genom SAMIs anslutningskontrakt överlåter den anslutne på SAMI sina rättigheter enligt den svenska upphovsrättslagen och motsvarande utländsk lagstiftning, såvitt gäller sekundär användning av lovligen gjorda ljudupptagningar med framföranden av konstnärliga verk och fr.o.m. den 1 juli 2005 även inspelade framföranden av "uttryck av folklore". Häri innefattas ersättningsrätten enligt 47 § URL, för radio- och TV-företags och andra nyttjares uppspelning av skivor m.m. samt vidaresändning trådlöst eller genom kabel av etersändningar med sådant programinnehåll, dock inte on-demand-överföringar. Dessutom ingår ersättningsrätten för privatkopiering enligt 26 k §. För rättigheter utanför 47§ finns en gränsdragning gentemot de fackliga organisationerna angiven genom en bestämmelse som säger att: "I den utsträckning härmed sammanfallande fullmakt lämnats till SMF eller STF eller SYMF skall sådan fullmakt anses ha företräde."

Genom anslutningskontraktet har den anslutne alltså överlåtit vissa rättigheter till SAMI, som i gengäld förbinder sig att nyttiggöra de till SAMI överlåtna rättigheterna samt att till den anslutne utge ersättning enligt SAMIs stadgar och fördelningsregler. Motsvarande gäller i de fall rättigheterna förvaltas av den fackliga organisationen.

Ansvar

**skadestånd, *vite, *straff, *åtal.*

Anställningsavtal

Fråga kan uppkomma i vilken utsträckning ett anställningsavtal ger arbetsgivaren upphovsrätt till det verk eller den prestation som en anställd gjort i tjänsten. Här får en tolkning ske av det enskilda anställningsavtalet. Skall något generellt sägas får anställningsavtalet ofta tolkas så, att upphovsrätten utan särskild överenskommelse övergår till arbetsgivaren endast beträffande verk och prestationer som den anställde framställer som ett fullgörande av sina ordinarie arbetsuppgifter. Ett särskilt problem kan gälla att avgöra i vilken omfattning arbetsgivaren erhållit rätt beträffande användning som inte kunnat förutses eller beträffande framtida utnyttjandeformer. Allmänt torde kunna sägas att arbetsgivarens rätt till användning endast gäller inom hans normala verksamhetsområde. Observera att den anställdes ideella rätt inte övergår på arbetsgivaren i och med anställningsavtalet.

Ansvarig anordnare

**arrangör*

Den, som anordnar *överföring till allmänheten eller *"offentligt framförande" av skyddad musik, betraktas som ansvarig anordnare och är skyldig att i förväg skaffa tillstånd för detta och betala ersättning till Stim.

Om överföring eller framförande gäller inspelad eller radio-/TV-utsänd musik, skall ersättning betalas även till SAMI som, när grammofonmusik ingår, även samlar in ersättning för grammofonbolagens räkning.

Arrangör

**ansvarig anordnare, *bearbetning*

Beteckningen arrangör används inom musikområdet i två olika betydelser, dels för den som anordnar överföring/offentligt framförande, (= *ansvarig anordnare,) dels för att beteckna den som arrangerar/bearbetar ett musikaliskt verk.

Artist

**utövande konstnär*

Artistavtal

**avtal*

Artistavtal är en vanlig benämning på de avtal som bl.a. grammofonbranschen tecknar med artister och grupper avseende medverkan vid inspelning av kommersiella fonogram, musikvideos etc.

Arv

När en upphovsman eller utövande konstnär avlider gäller reglerna om giftorätt, arv och testamente också för rättigheter enligt upphovsrättslagen. Både den ekonomiska och ideella upphovsrätten går i arv.

Om innehavarna av Stim- och SAMI-rättigheter, som gått i arv, är två eller fler, åligger det dem att i förhållande till Stim respektive SAMI utse en företrädare samt att föranstalta om gemensam betalningsmottagare för utbetalning av ersättningar.

Avräkning

**fördelningsregler*

Avräkning är den vanliga benämningen på den periodvisa redovisningen och utbetalningen från den rättighetsförvaltande organisationen av insamlade ersättningar som sker individuellt till berörda rättighetshavare, efter kostnadsavdrag.

Benämningen används även för redovisning och utbetalning av royalty från grammofonbolag.

Avtal

Avtal är en generell benämning på muntliga och skriftliga överenskommelser. En annan generell benämning är ”kontrakt”. Exempel på avtalstyper:

*"centrala avtal" = riktgivande avtal mellan huvudorganisationer som t. ex. SAF och LO/TCO;

*"förbundsavtal" = avtal gjorda på facklig förbundsnivå t. ex. av SMF, STF och SYMF

*"lokala avtal" = avtal gjorda på lokal facklig nivå eller på arbetsplatser;

*"kollektivavtal" = normgivande bindande avtal mellan parter på arbetsmarknaden

*"normalavtal" = normgivande avtal för olika branschområden;

*"anställningsavtal" = bindande individuella avtal om anställning, för viss tid, för visst projekt eller tills vidare;

*"uppdragsavtal" = bindande avtal om fullgörande av visst uppdrag såsom uppdragstagare (= ej anställd).

*"individuellt avtal" = individuellt kontrakt (= överenskommelse) om anställning eller uppdrag. Jfr nedan "skivkontrakt";

*"engagemangsavtal" = engagemangskontrakt, individuellt eller för grupp, om viss medverkan som anställd (= arbetstagare) eller uppdragstagare;

*"anslutningsavtal" = anslutningskontrakt (se ovan);

*"förlagsavtal" = avtal mellan en upphovsman och en förläggare

*"artistavtal" (se ovan)

*"medverkandeavtal" = avtal/kontrakt om fysisk medverkan vid inspelning/upptagning;

*"skivkontrakt" = benämning för olika typer av avtal (individuella eller för grupp) med villkor och rättighetsupplåtelser för medver-

	kan (oftast som "featured artist") och utgivning av fonogram och musikvideor.
*"produktionsavtal"	= avtal mellan rättighetshavare och producent om uppdrag och rättighetsupplåtelser;
*"nyttjandeavtal"	= avtal mellan rättighetsförvaltande organisation och nyttjare el. organisation om villkor för nyttjande och rättighetsupplåtelser;
*"licens"	= "tillstånd" = bekräftelse på upplåtelse av viss nyttjanderätt;
*"bilaterala avtal"	= avtal mellan länder. Ofta även kallade "ömsesidighetsavtal";
*"ömsesidighetsavtal"	= bilaterala avtal mellan upphovsrättsliga förvaltningsorganisationer

Avtalslicens

**tvångslicens, *vidaresändning*

I svensk lag använd benämning på ett kollektivt avtal (ingånget av representativ rättighetshavarorganisation), som genom tillämpning av en lagbestämmelse för visst i lag angivet nyttjande ges verkan att också omfatta rättighetshavare som inte är medlemmar av den avtalsslutande organisationen, (på engelska språket "extended contractual license"). Ett sådant avtal, ingånget till exempel av Copyswede för en majoritet svenska rättighetshavare med ett kabelföretag, blir alltså bindande också för rättighetshavare, t.ex. utländska, som inte är medlemmar av någon Copyswedeorganisation. Avtalslicens gäller för vissa i lagen särskilt angivna ändamål. Dessutom finns numera en bestämmelse om s.k. generell avtalslicens.

B.

Bakgrundsmusik

**butiksmusik, *musikbakgrunder, *musiksättning.*

Med bakgrundsmusik avses oftast musik som används i sammanhang där själva musikframförandet inte är det huvudsakliga, t.ex. på arbetsplatser, inom butiker, i hissar, på restauranger etc. Oavsett om sådan musik är specialproducerad för ändamålet eller hämtas från andra fonogram eller radio-/TV-sändningar, krävs tillstånd för framförandet och ersättning skall erläggas till Stim och SAMI/IFPI.

Specialgjord musik för film, video och AV-bruk brukar ibland också benämnas bakgrundsmusik.

Bearbetning

**arrangör, *filmverk, *gemensam upphovsrätt, *konstnärligt verk, *litterärt verk, *musikaliskt verk, *musikdramatiskt verk, *nytt självständigt verk, *plagiat, *verk, *verkshöjd, *översättning.*

Upphovsrättslagen skyddar inte endast den upphovsman som åstadkommit ett originalverk. Även den som bearbetar (arrangerar) eller översätter ett verk, skyddat eller fritt, har upphovsrätt till sin prestation (§4 URL). Denna rätt är lika stark som upphovsmannens. För att en bearbetning (ett arrangemang) skall anses föreligga i upphovsrättslagens mening krävs att det är fråga om individuellt skapande, även om kraven på originalitet inte sätts högt. Alla bearbetningar/arrangemang har alltså inte skydd. Vissa mycket enkla arrangemang eller rutinmässiga ackordsättningar, transponeringar eller liknande ger normalt inte bearbetningsskydd. Om ett skyddat verk bearbetats får verket i dess bearbetade form inte utnyttjas utan originalupphovsmannens tillstånd. Den som bearbetat ett skyddat musikaliskt verk får alltså inte utan upphovsmannens/förlagets tillstånd disponera över verket, t.ex. ge ut bearbetningen i form av noter. På populärmusikområdet förekommer dock att bearbetningar/ arrangemang framförs offentligt och spelas in utan att formellt tillstånd inhämtats från rättighetshavarna. Strikt juridiskt krävs alltså i vissa fall tillstånd.

För bearbetningar gäller samma bestämmelser om skyddstid som för originalverk.

Bernkonventionen

**konventioner*

Bernkonventionen för skydd av litterära och konstnärliga verk är den grundläggande internationella överenskommelsen på upphovsrättsområdet. Den tillkom år 1886. Den är därefter reviderad och kompletterad flera gånger, senast vid WIPOs diplomatiska konferens, december 1996, då bl.a. den s.k. WIPO Copyright Treaty (WCT) antogs. Anslutna stater, för närvarande 167, bildar gemensamt en union (Bernunionen) för skydd av litterära och konstnärliga verk. Sverige anslöt sig till konventionen redan år 1904, USA 1989, Folkrepubliken Kina 1992. Den stat som har tillträtt konventionen är skyldig att skydda verk från andra medlemsstater på samma villkor som gäller i det egna landet. Skyddet får dock aldrig vara lägre än det som föreskrivs i konventionen; vissa minimirättigheter skall alltså garanteras.

Beställningsverk

Beteckning för beställt musikaliskt eller musikdramatiskt verk för vilket särskild ersättning för kompositionsarbetet utgår enligt en central överenskommelse mellan Svensk Scenkonst, *FST och *SKAP.

Beställningsavtal ger ofta beställaren ensamrätt till premiärframförandet.

BIEM

**CISAC, *mekaniskt mångfaldigande/mekaniska rättigheter, *NCB.*

BIEM är förkortningen för ”Bureau international des sociétés gérant les droits d'enregistrement et de reproduction mécanique” (Internationella byrån för organisationer som förvaltar inspelningsrättigheter och mekaniskt mångfaldigande).

BIEM är huvudorganisation för de nationella organisationer som förvaltar inspelningsrättigheter.

Bilaterala avtal

**avtal, *ömsesidighetsavtal.*

Billbord

Billbord (The Radio Programming Music/Record International Newsweekly) grundad 1894, är en av de ledande amerikanska tidskrifterna på musikområdet med huvudsaklig inriktning på populärmusiken.

Bootleg

**counterfeit, *piracy, *piratkopiering*

Bootleg är en form av tillverkning av illegala fonogram genom otillåten upptagning från ett liveframträdande eller en radio- eller TV-sändning. Sådana inspelningar mångfaldigas och sprids sedan utan tillstånd från rättighetshavarna och utan att ersättning erläggs för mångfaldigandet.

Butiksmusik

**bakgrundsmusik, *överföring, *offentligt framförande av musik.*

Butiksmusik är musik som ofta spelas i stämningsskapande syfte inom varuhus, butiker, frisersalonger och andra liknande offentliga utrymmen. Det kan vara fråga om såväl inköpta som förhyrda skivor, band och kassetter eller vidaresändning och uppspelning av radio- eller TV-program. I vissa fall förekommer av företagen egenhändigt gjorda inspelningar genom kopiering och sammanställning av musik från andra fonogram eller programkällor. För framställning och användning av sådana exemplar krävs tillstånd från rättighetshavarna.

C.

CAO

**collecting society, *rättighetsförvaltning*

CAO är en förkortning av "Organisations for Collective Administration of Rights". CAO används ofta i internationella sammanhang för att avse rättighetsförvaltande organisationer. Beteckningen är heltäckande såtillvida att verksamheten kan omfatta förvaltning med mandat att både upplåta rättigheter och inkassera, fördela och utbetala ersättningar för nyttjande.

Se även *collecting societies och *rättighetsförvaltning.

CISAC

**BIEM, *Stim, *utföranderättssällskap*

CISAC är en förkortning av "Conféderation Internationale des Sociétés d'Auteurs et Compositeurs" som är en internationell huvudorganisation för de upphovsrättsorganisationer som tillvaratar upphovsmännens intressen och rättigheter (Stim och motsvarande systerorganisationer). CISAC bildades år 1926 och har sitt säte i Paris. Organisationen arbetar för försvaret av upphovsmännens ideella och ekonomiska intressen. Stim har varit medlem av organisationen sedan dess tillkomst.

Citat

**inskränkningar i upphovsrätten*

Enligt en bestämmelse i upphovsrättslagen (§22) har envar under vissa förutsättningar rätt att utan tillstånd och utan att behöva betala ersättning göra citat. Bestämmelsen har följande lydelse:

"Var och en får citera ur offentliggjorda verk i överensstämmelse med god sed och i den omfattning som motiveras av ändamålet."

Citat får användas för att belysa ett visst sammanhang eller understryka ett visst ställningstagande. Citatet får inte vara längre än vad som är nödvändigt för det ändamål för vilket citatet utnyttjas.

Citatbestämmelsen skall inte tolkas så att man till exempel får framföra avsnitt ur musikverk eller inspelningar i syfte att vidarebefordra den underhållning musiken kan ge genom att plocka ut "godbitarna" ur olika verk eller inspelningar. Musikaliska potpurrier får inte inspelas och mångfaldigas eller framföras fritt med stöd av citatbestämmelsen.

Collecting society

*Se *CAO, *rättighetsförvaltning*

Benämningen på organisationer med huvuduppgift att inkassera ersättningar för rättighetshavarnas räkning. Inom musikområdet i Sverige är Stim och SAMI typexempel på sådana organisationer. "Collecting" betyder i svensk översättning "insamlande". Benämningen bör alltså i första hand användas på organisationer vars verksamhet är begränsad till insamling och fördelning av ersättningar, (organisationer med vidare förvaltningsuppdrag se CAO).

Copyrightmärket ©

**P-märket*

Copyright-märket, dvs. symbolen © + rättighetshavarens namn och året för första utgivningen av verket, tillkom genom den s.k. *Världskonventionen om upphovsrätt. Länder anslutna till Världskonventionen, vilka inte är anslutna till *Bernkonventionen, har rätt att i sin nationella lagstiftning uppställa formalitetskrav för upphovsrättsskydd. Enligt Bernkonventionen får dock inte upphovsrättsligt skydd göras beroende av att vissa formaliteter uppfylls. Copyrightmärkningen har alltså inte någon direkt betydelse för upphovsrättsskydd i Bernkonventionsland, t.ex. Sverige. Det har emellertid blivit en praxis att copyrightmärkning används vid utgivning av litterära och musikaliska verk även i länder där så inte erfordras. Copyrightsymbolen innebär att ett land som tillträtt Världskonventionen och som uppställer formalitetskrav skall skydda även verk från utländskt konventionsland som har försetts med copyrightsymbolen på ovan angivet sätt i samband med dess utgivning.

COPYSWEDE

**KLYS,*

Copyswede är en upphovsrättslig paraplyorganisation bestående av fjorton medlemsorganisationer som företräder svenska upphovsmän och utövande konstnärer. Organisationen har till uppgift att på medlemsorganisationernas särskilda uppdrag tillhandahålla en ”samordnad rättighetsservice” genom att föra förhandlingar och träffa avtal rörande vissa vidareutnyttjanden av upphovsrättsligt skyddade verk och prestationer. Ett viktigt sådant område är vidareanvändning av radio- och TV-program i olika sammanhang. Copyswede har även anförtrotts uppdraget att administrera systemet för privatkopieringsersättning.

Counterfeit

**bootleg*, **piracy*, **piratkopiering*

Counterfeit – betyder på svenska språket förfalskning – är en form av piratkopiering som innebär att tillverkaren försöker att efterlikna originalprodukten. Utöver själva skivan eller bandet kopieras också så verklighetstroget som möjligt t. ex. konvolut, skivetiketter och kassettinlägg. Syftet är att åstadkomma en kopia, som inte går att skilja från den lagligt framställda originalprodukten.

Courtesy

”With courtesy of” är ett vanligt uttryck i sammanhang när ett skivbolag ger ut t.ex. ett fonogram ”med benäget tillstånd från” annat bolag som äger utgivningsrätten för artistens inspelningar.

Coverinspelning

Med coverinspelning avsågs ursprungligen en med okända, ofta anonyma artister utförd imitation av en ”skivhit”, avsedd att åka snålskjuts på originalets framgångar.

Coverproduktioner förekommer också i albumform, ofta som ”A tribut to” en känd artist, grupp, orkester eller orkesterledare.

Enligt svenska regler skall coverproduktioner förses med en tydlig märkning som förhindrar förväxling med originalet, t. ex. ”Coverversion” eller ”ej originalartister”.

Språkbruket inom populärmusikområdet har utvidgat detta begrepp till att numera även avse inspelningar av andra verk än artistens eller gruppens egna kompositioner eller där teman från populära ”hits” utnyttjas som underlag och bearbetas.

Credit

**ideell rätt*

Cut-outs

Cut-outs är en benämning på rea-skivor, företrädesvis USA-pressade, som i hemlandet av detaljister returnerats till grossist eller produktionsbolag och därefter distribuerats på nytt. Skivorna, som i stor utsträckning exporteras, identifieras ofta genom stansning i konvolut eller genom snitt genom ett hörn. Licens för dessa erläggs som regel med låga nästan symboliska belopp.

D.

Datorprogram

Fr.o.m. 1989 skyddar upphovsrättslagen uttryckligen datorprogram. En särskild bestämmelse i §12 URL föreskriver att datorprogram inte får kopieras, inte ens för privat bruk.

Dikt

Diktverk är en form av litterärt verk och åtnjuter fullt skydd enligt upphovsrättslagen. Detta innebär att en kompositör måste ha tillstånd av författaren eller i förekommande fall dennes förlag innan en skyddad dikt skall inspelas eller framföras tillsammans med musik.

Mellan Föreningen Svenska Tonsättare och Sveriges Författarförbund har avtal träffats angående användning av litterära texter som underlag för tonsättning. Ett motsvarande avtal finns mellan Musikförläggarna och Sveriges Författarförbund.

Direktimport

**parallellimport*

Dispositiva regler

**förlagsavtal*

Härmed menas att parter har rätt att i avtal träffa en överenskommelse som avviker från den reglering som en rättsregel föreskriver. Motsatsen till dispositiva rättsregler är indispositiva eller tvingande rättsregler.

De flesta regler som finns i upphovsrättslagen är dispositiva, till exempel bestämmelserna om avtal, förlagsavtal, avtal om filmning och offentligt framförande. Detta innebär att parterna har rätt att fritt avtala vad de önskar, detta skall dock ske inom ramen för lagens tvingande rättsregler, som i första hand rör den s.k. *idella rätten.

En annan sak är att parter inte, genom avtal med varandra, kan gentemot andra vidga den upphovsrätt som lagen ger. Som exempel kan nämnas en upphovsman och en producent som avtalar om villkoren för en videogramproduktion (dispositiv reglering). De kan då inte med verkan gentemot andra bestämma om t. ex. en längre skyddstid än vad lagen föreskriver.

Domaine Public (Public Domain) (PD)

**fria verk*

Efter det att ett verks eller en prestations/produktions skyddstid löpt ut upphör det upphovsrättsliga skyddet. Verket eller prestationen är då i "domaine public", det franska uttrycket för att något är allmän egendom. Efter skyddstidens utgång är det fritt för envar att använda alstret utan tillstånd och utan att erlägga ersättning för nyttjandet. Även den ideella rätten förfaller i princip. Se dock under *klassikerskydd och *titelskydd.

Det bör i detta sammanhang observeras att fria verk kan bli föremål för bearbetning. Därvid erhåller bearbetaren ett eget upphovsrättsskydd, som inte får bortses från vid utnyttjande av i övrigt fria verk. Bearbetarens tillstånd krävs t. ex. för utnyttjandet av ett fritt verk i dess bearbetade form.

Droit moral

**ideell rätt, *ändringar*

Droit moral är den franska benämningen för ideell rätt.

Droit voisins

**närstående rättigheter*

Droit voisins är den franska benämningen för närstående rättigheter.

Dubbelbeskattningsavtal

För att undvika beskattning av en och samma inkomst i mer än ett land eller för att fördela beskattningsskyldigheten, t. ex. genom s.k. avräkning mellan olika länder, träffas mellan länders regeringar särskilda avtal varigenom dubbelbeskattning förhindras. Sverige har dubbelbeskattningsavtal med ett stort antal länder. I de flesta dubbelbeskattningsavtal som Sverige har träffat gäller att upphovsrättslig ersättning skall beskattas i det land där upphovsmannen/utövaren har sin hemvist.

E.

Efemär upptagning

Radio- och TV-företag, som genom lagbestämmelse eller avtal fått rätt att sända ut ett skyddat verk eller en prestation eller produktion, har enligt upphovsrättslagens §26e också rätt att för utsändningsändamål göra en egen upptagning därav. Upptagningen får enbart användas av det sändningsföretag som gjort upptagningen och sändas endast ett fåtal gånger under begränsad tid. Bestämmelsen är avsedd att underlätta för radio-/TV-företaget i dess praktiska sändningsverksamhet, bl.a. för att möjliggöra reprissändningar och senareläggning av utsändning av program.

EG-direktiv/EU-direktiv

Direktiv utarbetas av EU-kommissionen. När ett sådant direktiv behandlats av bl.a. Europaparlamentet och slutligen antagits av Ministerrådet blir direktivet genom införlivande i nationell lagstiftning bindande för medlemsstaterna. I syfte att harmonisera och värna medlemsländernas lagstiftning har ett antal sådana direktiv beslutats på upphovsrättsområdet. De förändringar som på senare tid har gjorts i den svenska upphovsrättslagen är till stor del föranledda av dessa direktiv.

Direktiven, som alltså blir bindande för medlemsstaterna, kan dock inom sig innehålla både tvingande bestämmelser och fakultativa sådana.

Ensamrätt

**exemplarframställning, *överföring till allmänheten, *framföranderätt, *förfoganderätt, *mångfaldiganderätt, *spridningsrätt, *offentligt framförande*

Den upphovsrättsliga lagstiftningen ger rättighetshavarna en ”uteslutande rätt att förfoga över” sina verk och prestationer. Det innebär en ensamrätt att bestämma om överföring till allmänheten eller offentligt framförande av verk skall få ske och om verk skall få mångfaldigas, spelas in, kopieras och spridas. Andra benämningar på ensamrätt är ”exklusiv rätt” och ”uteslutande rätt”. En sådan ensamrätt kan ”överlåtas” till annan genom avtal eller helt eller delvis ”upplåtas” för olika specificerade nyttjanden (se dock *ideell rätt). Om rättighetsupplåtelser till rättighetsförvaltande organisationer, se *anslutningskontrakt.

Enskilt bruk

**privat bruk*

Uttrycket enskilt bruk har fr. o. m. den 1 juli 2005 utmönstrats ur den svenska upphovsrättslagen och ersatts av det något snävare begreppet privat bruk.

Ersättningsrätt

**ensamrätt, *tvångslicens*

I stället för upphovsrättslagens *ensamrätt att tillåta eller förbjuda olika utnyttjanden och att i samband därmed kräva ersättning som villkor för medgivande, föreskriver lagen i vissa fall endast en ersättningsrätt. Ett exempel är den tvångslicens som gäller enligt §47 URL för utövare och framställare när ljudinspelningar används vid radio- eller televisionssändningar eller vid annat offentligt framförande. Den 1 juli 2005 begränsades denna tvångslicens till att inte gälla överföringar genom vilka enskilda kan få tillgång till ljudinspelningar på egen begäran (on demand) t.ex. via internet. Här har alltså numera utövare och framställare en oinskränkt förfoganderätt.

Exemplar – exemplarframställning

**konsumtionsprincipen, *spridningsrätt*

Upphovsrätten innefattar bl.a. ensamrätt att framställa exemplar av verk eller delar av verk. Denna rätt kallas ofta *mångfaldiganderätt, men gäller också framställning av ett enstaka exemplar.

Varje form av exemplarframställning, oavsett teknik, faller under upphovsmannens ensamrätt. Ett verk kan t.ex. kopieras i en kopieringsapparat eller avfotograferas, det kan spelas in på skiva, band eller film. Även digital lagring av text, ljud eller bild, till exempel i en dators minne, är en form av exemplarframställning.

Om inte någon av *inskränkningarna enligt upphovsrättslagen gäller, kräver alla dessa framställningar upphovsmannens/rättighetshavarens tillstånd. Upplåtelser av denna rätt att framställa exemplar bör ske genom avtal som också klargör villkoren för spridningen/nyttjandet.

F.

FIA – International Federation of Actors

FIM – International Federation of Musicians

FIA och FIM är utövande konstnärers internationella yrkesfederationer. Båda federationerna representerar fackliga organisationer från samtliga världsdelar och spelar en aktiv roll på det internationella området, inte minst i upphovsrättsliga sammanhang.

Fildelning

**överföring till allmänheten*

Fildelning, som inte är något juridiskt begrepp, innebär i huvudsak att filer genom olika fildelningsprogram delas mellan olika datorer i ett nätverk eller att en fil läggs på en filserver. Upphovsrättsligt skyddat material får härvid inte utan rättighetshavarnas samtycke göras tillgängligt för allmänheten. Fildelning kan alltså vara både lovlig, d.v.s. ske med tillstånd från rättighetshavarna, och olovlig och därmed innebära upphovsrättsintrång.

Filmavtal

§39 upphovsrättslagen behandlar avtal om filmning. Här finns en speciell presumtionsregel som säger att, om inte annat avtalats, skall en överenskommelse om rätt till inspelning av ett verk på film medföra att filmproducenten också har rätt att, utan ytterligare tillstånd från eller ersättning till upphovsmannen, genom filmen eller annorledes (på annat sätt) göra verket tillgängligt för allmänheten. Denna regel gäller dock inte för musikaliska verk, vilket innebär att Stim, som företrädare för kompositören, har rätt att ta ut ersättning av en biografägare för framförande av den musik som förekommer i filmen. Genom en hänvisning i §45 görs bestämmelsen tillämplig också på utövares inspelade prestationer. Om således en musiker eller annan utövare medverkar vid en film-, video- eller TV-inspelning utan att i avtal ha gjort tydliga förbehåll för sina rättigheter, befintliga och framtida, kan de anses automatiskt ha övergått till filmproducenten/bolaget.

Filmverk

Filmverk är en benämning på en produktion med rörliga bilder, oftast med ljud, dvs. en audiovisuell produktion, där såväl skyddade verk som skyddade prestationer ingår. Skyddstiden för ett filmverk är 70 år efter den sist avlidne av huvudregissören, manusförfattaren, dialogförfattaren eller kompositören av den musik som skapats speciellt för filmen.

Folkmusik, folklore

Folkmusik är en beteckning för musik som förs vidare av s.k. traditionsbärare och vars upphovsmän normalt är okända. Folkmusik betraktas normalt som fri musik. Om folkmusik bearbetas kan den komma i åtnjutande av upphovsrättsligt skydd.

I upphovsrättslagen har fr.o.m. den 1 juli 2005 utövande konstnärers skydd för framföranden av verk utvidgats till att även gälla för framföranden av uttryck av folklore, dvs uttryck framsprungna ur folkliga traditioner, för vilka ingen särskild upphovsman kan anges.

Fonogram

**fonogramframställare, *grammofonskivor, *konsumtionsprincipen, *spridningsrätt, *uthyrning, *videogram.*

Fonogram är en generell benämning för ljudupptagningar och används för både utgivna och icke utgivna upptagningar, t. ex. grammofonskivor, CD-skivor, ljudband, ljudkassetter, separata ljudupptagningar av filmmusik och privata ljudupptagningar. Grammofonskivor och andra fonogram avsedda för utgivning benämns ofta ”kommersiella fonogram”.

Fonogramframställare

**närstående rättigheter. *droits voisins*

Fonogramframställare är beteckningen på den producent eller det bolag som tillerkänns producenträttigheter enligt §46 URL. Fonogramframställaren har *ensamrätt till sin produktion under 70 år, vilket innebär att det under denna tid (på motsvarande sätt som för utövande konstnärer) är förbjudet att utan tillstånd kopiera ett skyddat fonogram. Det bör noteras att skyddet för fonogram gäller oavsett om ett sådant upptar ett verk eller ljud av annat slag, t.ex. fågelkvitter.

Fonogramkonventionen

**konventioner, *WTO*

Konventionen ger skydd för *fonogramframställare mot olovlig kopiering av deras fonogram, Fonogramkonventionen, är en internationell överenskommelse från 1971. Den är nu till viss del kompletterad med det s.k. TRIPS-avtalet.

Konventionen har tillkommit som ett skydd mot den tilltagande s.k. piratkopieringen runt om i världen. Sverige, som är anslutet till konventionen, skyddar här i landet producenter från andra anslutna länder mot olovlig kopiering av deras alster på samma sätt som motsvarande skydd ges i dessa länder för svenska inspelningar.

Fotokopiering

**kopiering*

Framföranderätt/utföranderätt

**ensamrätt, *förfoganderätt, *offentligt framförande*

Term för upphovsmannens ensamrätt att framföra sitt verk offentligt.

Fria verk

**domaine public*

Friköp av rättigheter

Vanlig benämning för avtalad överlåtelse av rättighet till motpart som därmed inträder som ny ägare till den överlåtna rättigheten.

Friköpt musik

**musiksättning*

Termen är inget rättsligt begrepp men används bl.a. i samband med *musiksättning och annat nyttjande för att beteckna att den ersättning som erlagts för rätten att utnyttja viss inspelning av musik också inkluderar erforderliga tillstånd från fonogramproducent och utövande konstnärer. Termen kan missförstås eftersom ”friköpet” normalt inte omfattar ersättningar för överföring till allmänheten eller offentligt framförande. I samband med sådana framföranden skall som regel och i vanlig ordning ersättning erläggas till Stim, SAMI/IFPI.

Fritt nyttjande

**inskränkningar i upphovsrätten*

FST

**Föreningen Svenska Tonsättare*

Fördelningsregler

**avräkning *registrering av verk, prestationer och produktioner*

Organisationer som administrerar rättigheter och ersättningar till rättighetshavare, (Stim, SAMI, COPYSWEDE etc.) tillämpar särskilda, genom avtal överenskomna eller av organisationen internt fastställda fördelningsregler, dels för uppdelning av ersättningar mellan kategorier av rättighetshavare, dels för fördelning av ersättningar mellan individuella rättighetshavare. Fördelningsreglerna bygger på uppgiftslämning i samband med registrering av verk, på musikrapportering, för utövarnas del på insamlade medverkanderapporter eller inspelningslistor från producenter, samt på annan information om nyttjande av verk och prestationer.

Föreningen Svenska Tonsättare (FST)

FST organiserar professionella tonsättare inom det konstmusikaliska området.

FSTs ändamål är att tillvarata medlemmarnas konstnärliga, ekonomiska och sociala intressen, att medverka till att sprida svensk musik i Sverige och i utlandet samt att främja svensk musikkultur.

Föreningen grundades 1918. FST grundade sedan Stim år 1923 och är huvudman för Stim tillsammans med SKAP och Musikförläggarna. FST är representerat i Stims styrelse och i olika kommittéer inom Stim samt i styrelser för institutioner, stiftelser m.m. inom musikområdet. FST samarbetar också med andra konstnärsorganisationer, t.ex KLYS, och är remissinstans inom det musikpolitiska området. Tillsammans med utländska motsvarigheter arbetar FST vidare aktivt för att utveckla det internationella samarbetet, inklusive det nordiska, både på det konstnärliga och det upphovsrättsliga planet. Se vidare FSTs hemsida.

Föreningen Svenska Tonsättares Internationella Musikbyrå (Stim), u.p.a.

**Stim*

Förfoganderätt

**ensamrätt, *framföranderätt/utföranderätt, *mångfaldiganderätt, *spridningsrätt.*

Förfoganderätt används som beteckning för ekonomiska ensamrättigheter enligt upphovsrättslagen.

Förlagsavtal

**dispositiva regler, *musikförlag*

Dispositiva regler om förlagsavtal finns i upphovsrättslagen, dvs. parterna kan om de önskar avtala annorlunda. Förlagsavtal är enligt lagen ett avtal som ingås mellan en upphovsman och en förläggare. Genom ett sådant avtal överlåter en upphovsman till en förläggare rätt att utge verket genom tryck eller liknande förfarande. På musikområdet har ett nytt standardavtal utarbetats, särskilt anpassat till de förutsättningar som idag gäller på musikområdet, som kan användas i stället för lagens regler. Detta avtal har tillkommit efter förhandlingar mellan *FST, *SKAP och *SMFF.

Förstagångsinspelning

På Stim/NCB-området finns en regel som gäller s.k. förstagångsinspelning. Den innebär att första gången ett verk skall mångfaldigas, inspelas och ges ut på skiva eller på annat sätt, tillstånd krävs till detta inte bara från NCB utan också från upphovsmannen själv. Den första utgivningen är en på många sätt viktig åtgärd för upphovsmannen. Han bör därför kunna styra tidpunkt för utgivning, med vem och hur inspelningen genomförs m.m.

Förvaltning av rättigheter

**rättighetsförvaltning*

G.

Gemensam upphovsrätt

**bearbetning, *verk, *verkshöjd*

Två eller fler personer kan samarbeta vid tillkomsten av ett verk (§6 URL). Det kan ske på olika sätt. Resultatet kan bli sådant att vardera personens bidrag utan svårighet han särskiljas i den färdiga produkten som ett självständigt verk. En kompositör och en författare har till exempel skrivit ett musikdramatiskt verk, en opera eller musikal, tillsammans, och det musikaliska verket respektive det litterära verket går att särskilja. I det fallet har vardera upphovsmannen upphovsrätt till sitt verk, och de vanliga reglerna om *ensamrätt och *förfoganderätt gäller. Författaren kan till exempel ge ut texten separat utan att behöva be kompositören om tillstånd.

Har de båda upphovsmännen i stället skapat ett verk där deras respektive bidrag till det färdiga verket inte längre utgör självständiga verk, tillkommer upphovsrätten dem båda gemensamt. Det innebär bl.a. att tillstånd fordras från båda upphovsmännen för att få rätt att förfoga över verket. Upphovsmännen skall vidare vara överens om olika åtgärder med verket, t.ex. utgivning i tryckt form, filmning, etc.

*Skyddstiden är 70 år och räknas för gemensamhetsverk från den sist avlidne upphovsmannens dödsår.

Generalklausul

Avtalsfrihet råder på upphovsrättsområdet. Parterna har alltså i princip rätt att avtala hur de vill avseende utnyttjande av upphovsrätt. Det kan dock uppstå fall när en överenskommelse kan anses innehålla villkor som är oskäliga. Tidigare fanns i upphovsrättslagen en s.k. ”generalklausul”, som genom domstols medverkan skulle möjliggöra en jämkning av ett sådant avtal. En bestämmelse av motsvarande innebörd finns numera i avtalslagen 36§.

Giltighetstid

**skyddstid*

Ett avtal mellan parter skall som regel innehålla en bestämmelse om giltighetstid för avtalet eller för de upplåtelser som medgivits genom avtalet. Om inget avtal träffats gäller normalt lagens skyddsregler och skyddstid.

Grammofonskivor

**fonogram, *fonogramframställare*

Grand droits

**stora rättigheter*

Gudstjänst

**inskränkningar i upphovsrätten*

I samband med gudstjänst får skyddade offentliggjorda verk framföras offentligt utan särskilt tillstånd och utan skyldighet att erlägga upphovsrättslig ersättning. Denna inskränkning i upphovsrätten gäller dock inte för överföringar till allmänheten, till exempel gudstjänst i radio eller TV.

Med gudstjänst avses den rituella gudstjänstverksamheten - dvs. i första hand ottesång, högmässa, aftonsång och veckogudstjänst.

Inskränkningen gäller alltså inte för kyrkokonserter, orgelkonserter, lunchmusik och liknande och inte heller för övrig verksamhet inom en församling, där musik framförs offentligt, t.ex. på ungdomsgårdar och församlingshem. Här krävs alltså tillstånd och sedvanlig ersättningsskyldighet föreligger.

Gärningsman

**ansvarig anordnare, *medhjälpare, *straff, *åtal.*

Gärningsmannabegreppet har genom domstolsutslag givits en ganska vid tolkning. Som exempel kan nämnas att den kan fällas som varit anmäld som ”anordnare” enligt allmänna ordningsstadgan. Likaså den som har haft hand om de praktiska arrangemangen vid ett framförande, även om detta skett för annans räkning. Flera personer kan alltså vara gärningsmän, dvs. ansvariga och skyldiga att tillse att de erforderliga tillstånd som krävs för musikframförande föreligger samt att vederbörlig ersättning erläggs.

H.

Hemkopiering

**kopiering *privat bruk*

Hotellrumsmusik

Högsta Domstolen har genom dom (NJA 1980 s.123) tagit ställning till frågan om det är att betrakta som offentligt framförande i upphovsrättslagens mening att göra musikaliska verk tillgängliga för hotellgästerna i hotellrum. HD slog fast att tillhandahållande av radio- och TV-program genom apparater i hotellrum är att betrakta som ett offentligt framförande som medför tillstånds- och avgiftsplikt, oavsett om radio- och/eller TV-apparaten i rummet är kopplad till en centralanläggning eller ej. Stim är alltså berättigad till ersättning för musik i hotellrum. Detsamma gäller för SAMI och IFPI för utövande konstnärer respektive fonogramframställare.

I.

Ideell rätt

**droit moral, *ändringar*

Vid sidan av *förfoganderätten, som ger upphovsrätten dess ekonomiska innehåll, finns en rätt av personlig art som skyddar både upphovsmannen/utövaren och hans verk/prestation.

Denna s.k. ideella rätt finns angiven i upphovsrättslagen 3§. Den består i sin tur av två olika rättigheter:

- Rätten att bli angiven som upphovsman respektive som den som framför verket (= utövaren). Den franska termen är ”droit à la paternité”, den engelska är ”credit”.
- Verket/framförandet får inte förvanskas eller användas på ett för upphovsmannen eller utövaren kränkande sätt. Denna rätt brukar kallas ”respekträtten”.

Den ideella rätten kan inte överlåtas och upphovsmannen/utövaren blir inte bunden om han gjort en generell överlåtelse. Endast för ett till art och omfattning bestämt nyttjande av ett verk eller en prestation kan rätten efterges (= avstås från). Upphovsmannen kan till exempel gå med på att ett av hans verk får användas på ett visst sätt i reklamsammanhang.

Den ideella rätten gäller även för bearbetare/bearbetningar. Den franska benämningen är "droit moral".

IFPI (International Federation of the Phonographic Industry)

IFPI är en internationell producentorganisation, som tillvaratar grammofonindustrins intressen, både nationellt och globalt. IFPI, som arbetar bl.a. för att förstärka lagstiftningen till skydd för fonogram och videogram samt för att bekämpa piratverksamhet i olika former, har en nationell svensk grupp.

Den svenska gruppen av IFPI, i Sverige i dagligt tal kallad enbart IFPI, samverkar med SAMI vid inkassering av ersättningar enligt 47§ URL, för radio- och TV-företags och andra nyttjares offentliga framförande av skyddade fonogram. SMF (= Svenska Musikerförbundet) har kollektivavtal med IFPI, Svenska Gruppen, avseende medverkan vid inspelning av fonogram och musikvideos.

Immaterialrätt

**upphovsrätt*

Immaterialrätt är en sammanfattande benämning på det rättsområde som ger skydd åt alster av andligt skapande samt kännetecken. Bland viktigare lagar på området kan nämnas: Upphovsrättslagen, Patentlagen, Varumärkeslagen och Firmalagen.

Import

**parallellimport*

Det är enligt §53 URL förbjudet att importera exemplar av skyddade verk/inspelningar om dessa exemplar framställts utomlands och omständigheterna varit sådana att framställningen skulle ha varit straffbar enligt den svenska upphovsrättslagen, om framställningen skett i Sverige. En förutsättning för straffbarhet är att avsikten varit att sprida dessa exemplar till allmänheten. Det är alltså till exempel inte tillåtet att för utnyttjande i Sverige importera CD-skivor och andra fonogram som framställts i annat land med stöd av s.k. *tvångslicensbestämmelse, eftersom den svenska lagen inte innehåller eller godkänner någon regel om tvångslicens för framställning av fonogram.

Industrimusik

Industrimusik kallas även ”företagsmusik”, dvs. musik som framförs inom bl.a. företag.

Enligt en specialregel i §2 URL jämställs framföranden som i förvärvsverksamhet anordnas till eller inför större slutna kretsar med överföringar till allmänheten och offentliga framföranden. Ett typiskt fall är ett industriföretag, som inte är öppet för allmänheten (större sluten krets), där det förekommer musik under arbetet. Trots att det här inte är fråga om överföring till allmänheten/offentligt framförande i strikt upphovsrättslig mening har det ansetts rimligt att upphovsmän (Stim) och utövare (SAMI) och fonogramframställare (IFPI) skall ha rätt till ersättning.

Inskränkningar i upphovsrätten

**citat, *privat bruk, *gudstjänst, *undervisning, *tvångslicens.*

Det finns vissa inskränkningar i upphovsrätten, dvs. begränsning av skydd och rättigheter, som tillkommit i den enskildes och allmänhetens intresse. Dessa återfinns i upphovsrättslagens andra kapitel. I vissa fall gäller inskränkningarna rätten att framställa/kopiera exemplar, i andra fall rätten att överföra/offentligt framföra verk eller inspelningar. Inskränkningarna kan innehålla villkor för nyttjandet, t.ex. att avtalslicens inhämtas, men innebär oftast att varken tillstånd behöver inhämtas eller ersättning erläggas. Det är den ekonomiska rätten som berörs. Den ideella kvarstår oförändrad.

Nedan anges några exempel.

- Rätten för privatperson att framställa enstaka exemplar/kopia för sitt *privata bruk (gäller inte datorprogram.)
- För *undervisningsändamål får exemplar framställas av utgivna verk genom reprografiskt förfarande och upptagning göras av radio- och TV-program, om *avtalslicens gäller;
- Citat får under vissa förutsättningar göras ur *offentliggjort verk, även inspelat sådant;
- När bl.a. ett musikaliskt verk har överlåtits får det exemplaret spridas vidare. Observeras bör dock att noter, grammofonskivor, ljudband och andra exemplar/inspelningar med skyddade verk eller prestationer inte får hyras ut eller bli föremål för jämförlig rättshandling, utan rättighetshavarens medgivande.
- I följande fall får verk och prestationer (dock ej filmverk och sceniska verk) framföras offentligt:
- vid *gudstjänst och *undervisning;
- i sammanhang där följande förutsättningar samtidigt uppfylls: att framförandet av verket/inspelningen inte är det huvudsakliga, att tillträdet är avgiftsfritt, att framförandet sker utan förvärvssyfte.

Inspelningsskydd

**närstående rättigheter*

Internationella upphovsrättsförordningen

Denna förordning innehåller föreskrifter om hur upphovsrättslagen skall tillämpas i förhållande till andra länder.

Intrång

**skadestånd, *straff *åtal*

"Ipredlagen"

Benämning på nya bestämmelser i upphovsrättslagen som den 1 april 2009 trätt i kraft och som bland annat syftar till att underlätta för rättighetsinnehavare att komma åt intrång i deras rättigheter genom att få möjlighet att begära ut till exempel ip-adresser som kan misstänkas ha använts för illegal fildelning.

J.

Jämkning av avtalsvillkor

**generalklausul*

Fram till 1976 fanns i upphovsrättslagen en bestämmelse om jämkning i vissa fall av avtalsvillkor. Bestämmelsen ersattes av den s.k. generalklausulen i §36 avtalslagen. Någon ändring i sak anses inte ha skett genom upphävandet av bestämmelsen i upphovsrättslagen. Vad som gäller är i huvudsak att avtalsvillkor får jämkas eller lämnas utan avseende om villkoren är oskäliga. Även själva avtalet kan jämkas eller lämnas utan avseende om ett villkor har en sådan betydelse för avtalet att det inte skäligen kan krävas att det skall gälla med oförändrat innehåll.

K.

Kabelsändning

**radio- och TV-sändning, *satellitsändning, *vidaresändning*

Med kabelsändning förstås att det sända programmet eller budskapet förmedlas/distribueras genom fysisk trådförbindelse, i motsats till trådlösa s.k. etersändningar.

Tillhandahållande genom kabel av upphovsrättsligt skyddade verk och prestationer för en mottagande allmänhet omfattas av begreppet överföring till allmänheten och kräver således tillstånd av rättighetshavare samt/eller ger ersättningsrätt.

Med uttrycket radio- och TV-utsändning, (engelska "broadcasting") avses i regel enbart etersändning.

Kassettersättning

Med kassettersättning avses ersättning som utgår till rättighetshavarna – kompositörer, artister, musiker, skådespelare m.fl. – som kompensation för den lagliga kopiering som sker i samhället för privat bruk. En sådan ersättningsform hade sedan länge krävts av bl.a. Stim, SAMI och IFPI efter förebild från många länder i Europa, där sådan reglering redan etablerats. Ersättning infördes i Sverige först 1999, § 26k URL. Den 1 juli 2005 modifierades reglerna som en anpassning till utvecklingen på det digitala området. Betalningsskyldiga för ersättningen är tillverkare och importörer av olika inspelningsmedia. De erlägger ersättningen till organisationen Copyswede som därefter utbetalar ersättning vidare till rättighetshavarna. Förhandlingar om ersättningsnivåer m.m. sker inom vissa givna ramar, angivna i lagens §26l, mellan tillverkarnas och importörernas branschorganisationer samt Copyswede. Bestämmelserna innehåller vissa jämkningsmöjligheter.

Katalogavtal

**subförläggare*

Benämning på en typ av förlagsavtal (subförlagsavtal) mellan utländsk och svensk förläggare, varigenom den svenske förläggaren (subförläggaren) för viss tid förvaltar förlagsrätt för främst Sverige eller Norden för ett större antal verk (en katalog), eller vice versa. Katalogavtal har ofta en varaktighet av minst tre år och löper normalt kalenderårsvis.

Katalogmusik

**musikbakgrunder, *musiksättning*

Klassikerskydd

Genom en särskild bestämmelse i upphovsrättslagen, §51, finns möjlighet att genom domstol beivra nyttjanden av verk som ”kränker den andliga odlingens intressen”. Denna bestämmelse gäller utnyttjanden som sker efter upphovsmannens död och även efter det att verkets skyddstid löpt ut.

Syftet med bestämmelsen är att kunna förhindra utnyttjanden som framstår som stötande. Regeringen utser de myndigheter som äger väcka talan vid domstol. Bestämmelsen har ännu inte utnyttjats. Rätt att föra talan beträffande musik har Musikaliska akademien.

KLYS

**Copyswede*

Förkortning för Konstnärliga och Litterära Yrkesutövares Samarbetsnämnd. KLYS är en samarbetsnämnd för kulturorganisationerna med uppgift att främja samarbete och samförstånd mellan olika konstnärliga och litterära yrkesutövare. KLYS är en stående remissinstans för kulturpolitiska och upphovsrättsliga frågor. Så gott som samtliga riksorganisationer för kulturarbetare med uppgift att tillvarata sina medlemmars fackliga intressen är medlemmar i KLYS.

Konkurs – utmätning

Huvudprincipen är att upphovsrätten som sådan inte får utmätas eller ingå i konkursbo. Anledningen är att upphovsrätten är av personlig och ideell natur. En annan sak är att de inkomster som upphovsrätten ger till exempel i form av royalty och motsvarande kan utmätas respektive tillfalla ett konkursbo, vartefter de förfaller till utbetalning.

Vid konkurs övergår inte automatiskt upphovsmannens rätt till ersättning på konkursboet. Konkursboet har dock rätt att av ersättningen uppbära vad som uppenbart överstiger det som behövs för upphovsmannen/utövaren och dennes familjs tillbörliga försörjning samt till fullgörande av underhållsskyldighet och till betalning av skatter.

Konstnärligt verk

**bearbetning, *filmverk, *litterärt verk, *musikaliskt verk, *musikdramatiskt verk, *nytt självständigt verk, *verk, *verkshöjd, *översättning*

Ett av samlingsbegreppen i upphovsrättslagen är konstnärligt verk. Ett annat är litterärt verk. Under begreppet konstnärligt verk ryms bl.a. sceniska verk, filmverk, musikaliska verk samt bildkonstverk såsom måleri, grafik etc.

Denna terminologi har tillkommit av praktiska skäl i samband med tillkomsten av lagen. När man stöter på termen konstnärligt verk i lagtexten gäller den aktuella texten alltså också bl.a. för musikaliska verk. I ett annat sammanhang kan termen musikaliska verk vara särskilt angiven för att visa att en viss bestämmelse avser endast just musikaliska verk.

Konsumtionsprincipen

**spridningsrätt, *uthyrning, *parallellimport*

Upphovsmän, utövare och producenter har var för sig en grundläggande ensamrätt att bestämma över spridningen av exemplar av sina verk och inspelningar. Denna rätt kallas *spridningsrätt. Men när ett sådant exemplar har överlåtits första gången, till exempel genom försäljning eller gåva, får den nye ägaren av exemplaret fritt "sprida" verket/inspelningen vidare, dock ej genom uthyrning. Denna för rättighetshavarna inskränkande bestämmelse i 19§ URL medför att deras spridningsrätt har som man brukar säga "konsumerats".

Denna inskränkning av upphovsmannens/utövarens spridningsrätt kan vara territoriellt begränsad, nationellt, regionalt eller globalt. En global konsumtion innebär att det en gång någonstans överlåtna exemplaret fritt kan spridas vidare över hela världen. Inom EU gäller regional konsumtion (inom Europeiska ekonomiska samarbetsområdet), dvs. att den första överlåtelsen måste ske inom EES-området för att konsumtion skall inträda.

Konventioner

**Bernkonventionen, *Fonogramkonventionen, *Romkonventionen, *Världskonventionen, *minimiskydd, *nationell behandling, *territoriell begränsning, *WIPO.*

På upphovsrättsområdet, som är i hög grad internationellt, har det ansetts viktigt att skydda upphovsmännens och andra rättighetshavarekategoriers rätt, oberoende av deras nationalitet och oberoende av var deras alster utnyttjas. För att åstadkomma detta har ett antal internationella överenskommelser träffats, som när en enskild stat anslutit sig därtill, skyddar dess rättighetshavare också i andra territorier där konventionen gäller. De flesta länder är anslutna till någon eller flera av dessa konventioner. De viktigaste för upphovsrättsområdet är Bernkonventionen och Romkonventionen. På senare tid har även andra internationella överenskommelser, s.k. Treaties, tillkommit bl.a. inom *WIPO. EG-direktiven har motsvarande verkan för EUs medlemsländer.

Kopiering

**exemplar/exemplarframställning *privat bruk, *piratkopiering*
Upphovsrättslagens begrepp "att framställa exemplar" innefattar också kopiering av redan befintliga exemplar av tryckta verk och inspelade sådana. Kopiering omfattas sålunda av den lagstiftade ensamrätten, oavsett med vilken teknik sådan framställning av nya exemplar sker. Även lagring i en dators minne är en exemplarframställning och utgör således, oavsett om lagringen kommer från en tillgänglig eller trådlöst eller on-line-överförd förlaga, en form av kopiering, som omfattas av upphovsrättslagens regler.

Kopieringsskydd

**närstående rättigheter*

Kyrkomusik

**gudstjänst*

Källa

**ideell rätt*
I upphovsrättslagen finns vissa inskränkningsbestämmelser (se *inskränkningar i upphovsrätten) som medger s.k. fria utnyttjanden. När verk eller prestationer utnyttjas med stöd av sådana skall som huvudregel källan anges.
Angivandet av källan skall ske i den omfattning och på det sätt god sed kräver.

L.

Levande musik – "live"

Uttryck som används för att beteckna att framförandet sker direkt inför en allmänhet eller i radio-/TV. Även *efemära upptagningar av levande framföranden kan ibland kallas "live"-framföranden. För utövarnas del omfattas sådan medverkan av 45§, 1 st. upphovsrättslagen.

Librarymusik

**musiksättning, *musikbakgrunder*

Licens

**avtal, *tillstånd*

Litterärt verk

**bearbetning, *filmverk, *konstnärligt verk, *musikaliskt verk, *musikdramatiskt verk, *nytt självständigt verk, *referat, *sceniskt verk, *verk, *översättning*

Samlingsbegrepp i upphovsrättslagen för verk som är beskrivande i detta ords vidaste mening. I regel har dessa verk ordet som uttrycksmedel men också i t. ex. grafisk eller plastisk form framställda verk av beskrivande art ingår i detta begrepp. Hit räknas dock främst skönlitteratur, dikter, sångtexter, föredrag, läroböcker, tidningsartiklar, reportage och liknande samt även datorprogram. Litterära verk förekommer i både skriftlig och muntlig form. Att hålla ett föredrag eller ett tal är alltså att framföra ett litterärt verk. Observera att notskrift inte är att anse som litterärt verk. Musikaliska verk tillhör samlingsbegreppet konstnärliga verk, oavsett det gäller framförande, notskrift eller musik i inspelad form.

Lokalradio

**närradio*

Beteckning för lokalt (= territoriellt snävt) avgränsad radioutsändning såsom t.ex. den privata reklamfinansierade lokalradions sändningar. Sveriges Radio AB har sedan länge använt beteckningen för sin s.k. Lokalradio (LRAB) även om denna snarare är regionalt avgränsad (= regionalradio).

M.

Manus/manuskriptverk

**utgivning*

Beteckning inom musikbranschen för verk som inte tidigare spridits till allmänheten genom tryck eller liknande förfarande eller i inspelad form. När det gäller utnyttjandet av sådana verk krävs speciell försiktighet av nyttjaren, även om det t.ex. framförts i radio eller TV, eftersom det är fråga om verk som inte ännu har utgivits. Vissa av lagens inskränkningar av det upphovsrättsliga skyddet gäller vidare endast om verket eller inspelningen därav har *utgivits.

Master – masterband

Färdigredigerad originalinspelning, som används som underlag för efterföljande exemplarframställning.

Medhjälpare

**gärningsman*

Inte bara den som är *gärningsman utan också dennes medhjälpare samt den som med råd och dåd främjat annans brott, kan dömas för brott mot upphovsrättslagen.

Medlemskap

**ansluten/anslutning*

Medlem i en facklig organisation har alltid rösträtt och är valbar till förtroendeuppdrag. Detsamma gäller rättighetsförvaltande organisationer som Stim och SAMI, där medlemskap innebär att en ansluten, som dessutom är medlem, har rösträtt och därmed formell rätt att påverka beslut vid t. ex. föreningsstämmor samt dessutom är valbar till förtroendeuppdrag inom organisationen. En rättighetshavare som enbart är *ansluten saknar formell rösträtt, men har i rättighetssammanhang samma ställning som medlemmar.

Medlemskap i Stim kan erhållas av kompositör, bearbetare, författare och musikförlag. Medlemskap i SAMI kan erhållas av fackligt anslutna utövare som har medverkat vid upptagningar som omfattas av upphovsrättslagen.

Mekaniska rättigheter – mekaniskt mångfaldigande

**BIEM, *NCB. *exemplarframställning*

Mekaniska rättigheter är en vedertagen benämning på rättigheter som NCB, på Stims och motsvarande utländska organisationers vägnar, förvaltar vid inspelning och mångfaldigande av verk på *fonogram och *videogram eller andra anordningar eller på annat sätt.

Mekaniskt mångfaldigande kan också ske i digital form, t. ex. genom lagring i databas.

Minimiskydd

**EG-direktiv, *konventioner, *nationell behandling, *skyddstid*

Härmed avses den skyddsnivå som – enligt internationella konventioner och t.ex. EG-direktiv – den nationella lagstiftningen inte får underskrida för att ett land skall kunna vara anslutet till konventionen eller för att uppfylla förpliktelserna för EU-medlemskap. Konventionernas och EG-direktivens tvingande regler har lett till att lagstiftningen på upphovsrättsområdet i åtskilliga hänseenden blivit likartat utformad i många länder, vilket bl.a. underlättar gränsöverskridande handel med upphovsrättsligt skyddade produkter och även rättighetsförvaltning.

Moraliska rättigheter

**ideell rätt*

Multimedia

Multimedia är inget entydigt begrepp som kan juridiskt definieras. Det brukar användas som en samlingsbeteckning för verksamhet som samtidigt utnyttjar olika mediaformer (ljud, text och bild). Uttrycket används speciellt vid utnyttjande av digital teknik i samband med interaktiv kommunikation, vid vilken ljud, text, bild m.m. kan bearbetas och utnyttjas samtidigt och i ett sammanhang. Komplicerade upphovsrättsliga frågeställningar kan uppstå t.ex. i samband med interaktiv påverkan på existerande verk och inspelade prestationer eller delar därav i kombination med varandra eller i konstellationer av nya självständiga verk.

Musik på sjukhus

Högsta domstolen har genom dom den 21 december 1988 tagit ställning till frågan om framförande av musik genom bl.a. kuddradioapparater för patienter, som varit intagna för sluten vård i landstingens regi, var att betrakta som offentligt framförande i upphovsrättslagens mening. HD fann att så var fallet. Domstolen fann även att framförande av radiomusik för landstingets anställda i slutna personalutrymmen fick betraktas lika med offentligt framförande. Landstingen är sålunda betalningspliktiga för musikutnyttjanden på deras sjukhus.

Musikaliska akademien

Musikaliska akademien har till uppgift att främja tonkonsten och vårda musiklivet. Akademien skall främja utvecklingen inom det svenska och internationella musiklivet, ta initiativ för att gagna musikkulturen samt inom musikens områden stödja konstnärligt utvecklingsarbete, forskning och högre utbildning.

Inom akademien skall musiklivets områden vara väl företrädda. Till fullgörande av akademiens uppgifter utser styrelsen vid behov rådgivande och samordnande nämnder, kommittéer eller arbetsgrupper.

När det gäller stipendier och belöningar åt svenska tonsättare, musiker eller musikstuderande utses årligen särskilda stipendiekommittéer. Genom sina fonder har akademien möjlighet att årligen utdela stipendier.

Musikaliskt verk

**bearbetning, *filmverk, *konstnärligt verk, *litterärt verk, *musikdramatiskt verk, *nytt självständigt verk, *verk, *verkshöjd, *översättning*

Musikaliska verk tillhör enligt upphovsrättslagens terminologi huvudgruppen konstnärliga verk. Musik i alla former har upphovsrättsligt skydd under förutsättning att den uppfyller lagens krav på att räknas som verk, dvs. uppnår s.k. *verkshöjd. Både enkla melodier och komplexa seriösa verk ges samma skydd. Även en improvisation som inte har dokumenterats i noter och elektronmusik kan ha upphovsrättsligt skydd som musikaliskt verk.

Termen musikaliskt verk gäller både verkets framförande och i notskrift. En tryckt notskrift är alltså inte ett litterärt verk.

Musikbakgrunder

**bakgrundsmusik, *friköpt musik, *musiksättning, *playback, *singback*

Musikbakgrunder är, som framgår av benämningen, i förväg inspelad musik som används som ackompanjemang vid artistframträdanden eller för *musiksättning till olika typer av produktioner, företrädesvis audiovisuella sådana. Sådan musik kan vara specialproducerad för viss produktion eller hämtad från vissa speciella förlags bibliotek, på engelska ”music-libraries”. Den benämns därför också ”förlagsmusik”. Sådan musik anges ibland vara s.k. *friköpt musik, vilket dock inte alltid är fallet för alla de nyttjandeområden där sådan musik eller produktioner med sådan musik kan förekomma, t.ex. vid offentligt framförande.

Musikcitat

**citat*

Musikdramatiskt verk

**bearbetning, *filmverk, *konstnärligt verk, *litterärt verk, *musikaliskt verk, *nytt självständigt verk, *sceniskt verk, *stora rättigheter, *verk, *verkshöjd, *översättning*

Musikdramatiskt verk tillhör den grupp av verk som i upphovsrättslagen går under beteckningen sceniskt verk. Som exempel på musikdramatiskt verk kan nämnas opera, operett och musical.

Musikerförbundet

**SMF*

Musikförlag

**förlagsavtal*

Musikförlag är vanligtvis en juridisk person som i bolagsform ägnar sig åt *utgivning av musikaliska verk. Inget hindrar emellertid att även en fysisk person bedriver musikförlagsverksamhet. En av förläggarnas huvuduppgifter är att sprida upphovsmannens verk till allmänheten.

På musikområdet är det inte ovanligt att en svensk musikförläggare företräder utländska förlagsrättigheter såsom *subförläggare eller omvänt.

Musikförläggarna

Musikförläggarna (tidigare SMFF) är musikförlagens branschorganisation, som driver viktiga branschfrågor samt för ut förläggarnas synpunkter i kontakter med olika myndigheter, institutioner och andra beslutsfattare, med musikbranschen i övrigt samt med media och en allmänhet. En viktig uppgift är därvid att skapa förståelse för upphovsrättens betydelse och musikens värde. Detta sker genom att informera om förlagsverksamhet och genom att sprida kunskap om och öka respekten för upphovsrätten, bland annat genom kurser och undervisningsverksamhet.

Musikförläggarna förhandlar vidare och träffar avtal med musikskolor om rätt att kopiera noter.

Musikförläggarna företräder förlagen i bland annat Stim, NCB och BonusPresskopia. Se vidare Musikförläggarnas hemsida.

Musiksättning

**bakgrundsmusik, *friköpt musik, *musikbakgrunder*

Pålägg och synkronisering av effektmusik och musikbakgrunder i film och videoproduktioner, radio- och TV-program, reklamproduktioner etc. kallas vanligen musiksättning.

För detta ändamål används också i många fall särskilt marknadsförd inspelad musik, ibland kallad bakgrundsmusik, men den mer relevanta benämningen torde vara *musikbakgrunder. Ibland används benämningen ”förlagsmusik” eftersom den många gånger tillhandahålls av förlag, som importerar sådan musik från producenter i andra länder.

Musikverket

Statens musikverk är en statlig myndighet som bildades 2010. Den skall bland annat ”främja ett varierat musikaliskt utbud präglat av konstnärlig förnyelse och hög kvalitet. Myndigheten skall också bevara, främja och tillgängliggöra teaterns, dansens och musikens kulturarv.” Musikverkets konstnärliga råd prövar frågor om stöd till musiklivet och är rådgivande i strategiska frågor som rör stödet.

Målsägande

**åtal*

Mångfaldiganderätt

**ensamrätt, *exemplarframställning, *kopiering*

En av upphovsrättslagens grundläggande rättigheter är ensamrätten – den uteslutande förfoganderätten – att framställa exemplar. Denna rätt kallas ibland mångfaldiganderätt.

N.

Namnangivelserätt

**ideell rätt*

Nationell behandling

**konventioner, *minimiskydd*

En viktig princip, som ingår i de flesta upphovsrättskonventioner, är principen om s.k. nationell behandling, vilken innebär att en stat som ansluter sig till en konvention därmed blir förpliktad att behandla medborgare från andra konventionsländer på samma sätt som sina egna medborgare.

NCB – Nordic Copyright Bureau

**BIEM, *mekaniska rättigheter, *Stim*

NCB tillvaratar de Stim-anslutnas inspelningsrättigheter. NCB har - på samma sätt som Stim inom sitt område – *ömsesidighetsavtal med motsvarande förvaltningsorganisationer i andra länder och tillvaratar därmed också utländska rättighetshavares rättigheter i de nordiska länderna.

Neighbouring rights

**närstående rättigheter*

Nordisk Musiker Union (NMU)

Sammanslutning för de nordiska musikerförbunden, som grundades år 1904.

Nordisk Union

Samorganisation för de nordiska utföranderättssällskapen KODA (Danmark), TONO (Norge), TEOSTO (Finland), STEF (Island) och Stim (Sverige). Nordisk Union är en rådgivande institution som har till ändamål att verka för de nordiska utföranderättsorganisationernas gemensamma intressen, för samarbete mellan organisationerna och för enhetliga principer för förvaltningen av de rättigheter som organisationerna tillvaratar.

Noter

**musikaliskt verk*

Nytt självständigt verk

**bearbetning, *gemensam upphovsrätt, *konstnärligt verk, *musikaliskt verk, *musikdramatiskt verk, *plagiat, *verk, *verkshöjd*

Tillkomsten av ett verk sker ofta genom påverkan och inspiration från andra upphovsmäns verk. Åstadkommer man ett nytt och självständigt verk ”i fri anslutning till” ett ursprungligt verk, får upphovsmannen en egen upphovsrätt, fristående från det ursprungliga verket. (§4 URL) Gränsen kan ibland vara svår att dra mellan vad som är en bearbetning och ett sådant ”nytt självständigt verk”. Om likheten med ursprungsverket blir för stor kan det också vara fråga om ett *plagiat.

Närradio

Närradiosändningar har pågått i Sverige sedan år 1979. Närradio är en form av föreningsradio med sändningsstyrka med en begränsad lokal räckvidd. Bestämmelser om närradio finns i Närradiolagen (SFS 1982:459) med tillhörande förordningar.

Närstående rättigheter

**droit voisins, *fonogramframställare, *radio- och TV-företags rättigheter, *utövande konstnär*

Närstående rättigheter är ett samlingsnamn för de rättigheter som tillerkänts utövande konstnärer, fonogram- och filmframställare, radio- och TV-företag samt framställare av s.k. samlingsverk (= kataloger m.m.). För dessa rättigheter gäller i stort samma rättigheter och samma *inskränkningar som för upphovsmännen.

O.

Oeftergivlig ersättningsrätt

**uthyrning, *uthyrningsrätt, *överlåtelse*

Oeftergivlig innebär att rättigheten varken kan överlåtas eller avstås från. Sådan ersättningsrätt introducerades genom EG-direktivet om uthyrning, utlåning, att gälla när en upphovsman eller utövare till en fonogramframställare eller framställare av upptagningar av rörliga bilder (= filmproducent) överlåter sin *uthyrningsrätt. Denna bestämmelse infördes sedan i den svenska upphovsrättslagen (§29) med verkan fr.o.m. 1 juli 1997.

Bevakning av rättigheten, liksom administration av ersättningar, kan uppdras åt rättighetsförvaltande organisationer i form av kollektiv rättighetsförvaltning.

Offentliggörande

**utgivning*

Term för att benämna upphovsmannens åtgärd när han för första gången gör ett verk tillgängligt för allmänheten. (§8 URL) Offentliggörande sker när verket ges ut eller första gången överförs till allmänheten genom radio eller TV eller framförs offentligt. Upphovsmannen har *ensamrätt att bestämma om, när och hur ett offentliggörande får ske. Motsvarande rätt finns för utövande konstnärer för deras prestationer, respektive för *framställare för deras produktioner.

Offentligt framförande

**ensamrätt, *ersättningsrätt, *framföranderätt/utföranderätt, *överföring till allmänheten *förfoganderätt, *mångfaldiganderätt, *butiksmusik, *hotellrumsmusik, *industrimusik, *musik på sjukhus, *Stim, *SAMI*

Med offentligt framförande menas alla framföranden som äger rum på samma plats som den där allmänheten kan ta del av verken. Som exempel kan nämnas en konsert, där musiken framförs direkt inför en närvarande publik. Tidigare ingick också alla former av distansöverföringar, till exempel radio- och TV sändningar, i begreppet offentligt framförande. Genom lagändring den 1 juli 2005 infördes ett nytt begrepp ”överföring till allmänheten” för överföringar på distans, där allmänheten alltså befinner sig på en annan plats än den där tillgängliggörandet äger rum.

För offentligt framförande av verk krävs tillstånd av Stim för rättighetshavarnas räkning. För utövande konstnärer krävs tillstånd från rättighetshavaren, dock ej för lovligen tillhandahållna offentliggjorda ljudupptagningar eller *utgivna *fonogram (grammofon-/CD-skivor, ljudkassetter), där utövare och fonogramframställare i stället har en *ersättningsrätt (47§ URL) som administreras av SAMI.

Med överföring till allmänheten/offentligt framförande jämställs också framföranden, som i förvärvsverksamhet anordnas inför eller till en större sluten krets, t.ex. kontors- och *industrimusik.

OMPI

**WIPO*

On demand

**överföring till allmänheten*

Uttrycket motsvarar på svenska språket ”på begäran” och används bl. a. i sammanhang där verk och prestationer digitalt överförs till allmänheten på ett sådant sätt att enskilda kan få tillgång till sådana från en plats och vid en tidpunkt som de själva väljer.

Opera/operett

**stora rättigheter*

P.

Parallellimport

**import, *konsumtionsprincipen*

Härmed avses import till ett land av exempelvis grammofonskivor, som ursprungligen varit avsedda att spridas inom annat territorium. Sådan import, kallad parallellimport, som således sker vid sidan av den etablerade handeln, kan utgöra ett problem för grammofonbolag och andra rättighetshavare bl.a. beroende på att det kan vara svårt att avgöra om de importerade fonogrammen framställts legalt i ursprungslandet.

Parodi

**bearbetning, *ideell rätt*

Upphovsmannens ensamrätt till sitt skyddade verk innebär att *bearbetningar,*ändringar och *översättningar endast får göras med hans tillstånd. Det har emellertid sedan länge ansetts tillåtet att verk får göras till föremål för parodi eller travesti utan upphovsmannens tillstånd. I förarbetena till upphovsrättslagen underströks att det inte var avsikten att ta bort denna rätt. Det kan dock ibland vara svårt att dra gränsen mellan tillåten parodi eller travesti och en bearbetning av ett verk, där tillstånd krävs. Även frågor om en kränkning av den *ideella rätten har skett kan aktualiseras.

Performer

**utövande konstnär*

(P)-märket

**-märket,*

(P) följt av årtal och produktionsbolagets namn (eller den som övertagit rättigheterna) är den internationellt erkända symbolen för skydd av *fonogram, på samma sätt som *©-märket är för noter, böcker och andra verk. Årtalet anger första året för *utgivning. (P) står för ”published” = utgivet. För filmmusik (= sound-track) avser motsvarande märkning året för första visning. Är sådan musik ommixad för skivutgivning anges i stället utgivningsåret.

Piracy – piratverksamhet

**bootleg, *counterfeit, *piratkopiering, *piratkonventionen*

Piracy eller på svenska språket piratverksamhet är en benämning på illegal verksamhet som på upphovsrättens område innefattar illegal framställning (bootleg, counterfeit och piratkopiering) och saluförande av olovligen framställda produkter. Motsvarande olovlig verksamhet förekommer som bekant numera också i allt större utsträckning i internetsammanhang.

Piracy har blivit ett globalt problem för alla berörda kategorier av rättighetshavare.

Piratkonventionen

**fonogramkonventionen, *konventioner*

Piratkonventionen är en mer eller mindre vedertagen benämning på *fonogramkonventionen, som i dess fullständiga namn heter ”Konventionen rörande skydd för framställare av fonogram mot olovlig kopiering av deras fonogram”.

Piratkopiering

**bootleg, *counterfeit, *piracy/piratverksamhet*

Piratkopiering är en benämning på olovlig kopiering av en upphovsrättsligt skyddad förlaga, för framställning av exemplar/fonogram/videogram avsedda för illegal försäljning/användning.

Plagiat

**bearbetning, *nytt självständigt verk, *skadestånd, *straff, *åtal*

Med termen plagiat, som egentligen inte är ett rättsligt begrepp, menas en litterär eller konstnärlig stöld. Ett typiskt fall kan vara att en person utger sig för att vara upphovsman till en annans verk. Plagiat föreligger även när likheten med ett verk, som redan finns, är så stor att vad som påstås vara ett *nytt självständigt verk inte kan anses utgöra ett sådant. Eftersom inspiration och påverkan är naturliga element när nya verk skapas, kan det ibland vara svårt att avgöra om ett verk har plagierats medvetet eller om det rör sig om omedveten påverkan, där två verk uppvisar stora likheter. Stim har en särskild bedömningskommitté som vägledande instans inför sådana bedömningar.

Playback

**musikbakgrunder, *singback*

Agerande, dans, mimning etc, till en i förväg komplett inspelad musikbakgrund i förekommande fall även med sång.

Prejudikat

Ett prejudikat är en dom eller ett beslut som är vägledande för senare avgöranden av liknande slag. För att ett ärende skall kunna tas upp i högsta domstolen eller i regeringsrätten krävs ett särskilt tillstånd, prövningstillstånd, som kan meddelas i fall där det anses vara av betydelse för rättstillämpningen att en viss fråga prövas i högsta instans. På upphovsrättsområdet finns ett antal prejudicerande domar.

Preskription

**skadestånd, *straff, *åtal*

Brott mot upphovsrättslagen preskriberas enligt de allmänna bestämmelserna i Brottsbalken. Därmed menas att åtal för brott mot upphovsrättslagen måste väckas inom fem år från det att brottet begicks. Om brottet är utsträckt i tiden gäller att preskriptionsfristen börjar löpa när upphovsbrottet upphörde.

Presumtion

Juridisk term för att viss konsekvens av en bestämmelse blir följden, om det inte kan visas att annat överenskommits, t.ex. genom avtals- eller kontraktsbestämmelse som uttrycker annorlunda. Ett exemplel härpå är upphovsrättslagens 39§ URL, rörande avtal om filmning.

Privat bruk

**inskränkningar i upphovsrätten*

Upphovsrättslagens §12 ger privatperson (inte företag) rätt att för sitt privata bruk göra ett eller några få exemplar (kopior) av offentliggjorda verk. Med privat bruk menas att kopian endast får användas av den som framställt exemplaret och av den närmaste familje- och vänkretsen. Både antalet kopior och användarkretsen har begränsats i förhållande till tidigare. De får inte användas för något annat ändamål än för sådant privat bruk. Det klargörs särskilt i lagen att det inte är tillåtet att göra kopior för privat bruk om förlagan (det exemplar som ligger till grund för kopieringen) gjorts tillgänglig utan upphovsmannens tillstånd. Det innebär till exempel att en privatperson inte får för privat bruk ladda ner musik från internet som lagts ut på nätet olovligen dvs. utan tillstånd från Stim eller annan rättighetshavare. Det är heller inte tillåtet att låta framställa kopior av musikaliska verk med hjälp av någon utomstående, t.ex. ett kopieringsföretag

Pseudonym

**rättighetshavare, *titelskydd, *upphovsman*

Enligt §7 URL skall som *upphovsman, där ej annat visas, räknas den vars namn eller allmänt kända pseudonym eller signatur, på sedvanligt sätt varit utsatt på exemplar av verket eller varit angivet då verket gjordes tillgängligt för allmänheten. Pseudonymen som sådan äger motsvarande skydd som titlar enligt 50§ URL.

Publicering

**offentliggöra, *utgivning*

Term för *utgivning, oftast gällande litterära verk.

R.

Radions/TVs upptagningar och inspelningar

**efemär upptagning, *radio- och TV-företags rättigheter*

Radio- och TV-företags rättigheter

**droit voisins, *efemär upptagning, *fonogramframställare, *närstående rättigheter, *rundradiosändning, *utsändning, *vidaresändning*

Såsom programproducerande företag omfattas radio- och TV-företag av samma rättigheter och skyldigheter som andra framställare av ljudupptagningar och rörliga bilder. Som sändningsföretag har radio- och TV-företag dels rättigheter knutna till sina sändningar, dels vissa speciella rättigheter som följd av *inskränkningar i upphovsmäns, utövares och andra framställares rättigheter, bl.a. att göra s.k. *efemära upptagningar, i begränsad omfattning ta med inslag av verk och framföranden i reportage om dagshändelser eller som *citat i beskrivande program.

En ljudradio- eller TV-utsändning får således inte utan sändningsföretagets samtycke spelas in för offentligt nyttjande eller återutsändas eller återges för allmänheten inför betalande publik. Sändande företag har också en ensamrätt till *vidaresändning av sina egna produktioner och de program som de på annat sätt förvärvat äganderätt till.

Såsom nyttjare av upphovsrättsligt skyddade verk, prestationer och inspelningar är sändningsföretagen skyldiga att utge ersättning till de rättighetshavare vars verk och prestationer samt produkter de nyttjar.

Radiosändning/TV-sändning

**rundradiosändning*

Referat

**litterärt verk*

Det är i princip tillåtet att referera ett skyddat verk utan tillstånd, dvs. att redovisa innehållet i ett verk. Likheten till originalverket kan emellertid lätt bli så stor att ett intrång sker i originalupphovsmannens ensamrätt. Ett sammandrag av ett litterärt verk är normalt inte att anse som ett tillåtet eller fritt referat.

Romkonventionen

**konventioner, *SAMI*

Romkonventionen (1961) är en konvention om minimiskydd för utövande konstnärer, fonogramframställare och radioföretag. Konventionen har haft stor betydelse för utvecklingen av de *närstående rättigheterna. Den har dock inte reviderats någon gång och dess miniminivåer för skydd är i många fall överskridna av både nationell lagstiftning och EG-direktiv. En uppmärksammad och en gång banbrytande rättighet i konventionen (Artikel 12) är utövares och fonogramframställares ersättningsrätt vid radio- och TV-företags nyttjande i programverksamheten och andras offentliga nyttjande av utgivna fonogram, som i svensk lag föreskrivs i 47§ upphovsrättslagen.

Royalty

Royalty är benämningen på en oftast fortlöpande utbetalning av ersättningar som utgår som procent på t. ex. förläggarens, skivbolagets eller distributörens intäkter från försäljning, biljettintäkter eller andra inkomster från exploatering av skyddade produkter. På så sätt relateras inkomsten till det aktuella värde produkten kan anses ha på marknaden. Liknande royaltykonstruktioner förekommer också i upphovsrättsorganisationers avtal med musikanvändare på bl.a. radio- och TV-området.

Rundradiosändning

**utsändning*

Rundradiosändning (engelska: ”broadcasting”) är den radiorättsliga termen för trådlös radio- och TV-sändning avsedd att tas emot direkt av allmänheten.

Rättighetsförvaltning

**anslutningskontrakt, *avräkning, *CAO, *collecting society, *upplåtelse, *överlåtelse*

Förvaltning av rättigheter innebär att förvaltaren, oftast en rättighetsförvaltande organisation, genom överlåtelse eller upplåtelse av rättigheter från rättighetshavare eller genom ömsesidighetsavtal med motsvarande organisationer i andra länder, tillvaratar rättighetshavarnas intressen inom sitt verksamhetsområde och nationella territorium. I förvaltning ingår normalt att nyttiggöra rättigheter, marknadsbevakning, förhandlingar om villkor för olika nyttjanden samt insamling, fördelning och utbetalning av ersättningar.

Rättighetshavare

**pseudonym, *upphovsman, *utövare, *fonogramframställare, *överlåtelser*

Rättighetshavare (rättsinnehavare, rättshavare) är en beteckning för den som innehar en rättighet ifråga. Det kan vara den ursprunglige upphovsmannen eller utövaren (= fysiska personer) eller framställaren av en produktion. Om upphovsmannens ensamrätt överlåts/upplåts till ett förlag, blir också detta rättighetshavare. Likaså om en utövares rättigheter helt eller delvis överlåts till producent, bolag eller annan part blir denne rättighetshavare till de sålunda överlåtna rättigheterna. Även arvingar och dödsbo kan vara rättighetshavare.

S.

SAMI (Svenska Artisters och Musikers Intresseorganisation)

**anslutning, *anslutningskontrakt, *CAO, *collecting society, *rättighetsförvaltning, *Stim, *ömsesidighetsavtal*

SAMI är svenska eller i Sverige stadigvarande verksamma utövares organisation (ek. för.) för förvaltning av rättigheter enligt den svenska upphovsrättslagen. SAMI bildades 1963 på initiativ av *SMF och STF, med anledning av tillkomsten av upphovsrättslagen SFS 1960:729 och speciellt dess 47§, avseende ersättningsrätt för utövande konstnärer vid radio- och TV-företags nyttjande av grammofonskivor och andra *fonogram i radio- och TV-program.

SAMI har som uppgift bl.a. att förvalta på organisationen överlåtna rättigheter, genom att nyttiggöra desamma samt att insamla, fördela och utbetala ersättningar. SAMI har *ömsesidighetsavtal (s.k. *bilaterala avtal) för utväxling av fullmakter och ersättningar med systerorganisationer i andra länder. SAMI bedriver även s.k. ”yrkesfrämjande verksamhet”.

SAMI har ett utvecklat internationellt samarbete med systerorganisationer i andra länder samt deltar i utvecklingsprojekt och konferenser anordnade av EU-kommisionen, *WIPO m fl.

SAMI samarbetar med *FIM och *FIA och är medlem av *COPYSWEDE.

Sampling

Med sampling menas på musikområdet att använda, spela in eller kopiera delar av verk eller upptagningar av framföranden samt att, företrädesvis genom digitalteknik, använda sådana inslag av ljud (eller bilder) i nya sammanhang. På så sätt kan material från tidigare inspelningar och skyddade verk utnyttjas som ljudeffekter eller underlag för *bearbetning och framställning av nya verk och produktioner.

Det bör observeras att sådant vidareutnyttjande av skyddade verk, prestationer och inspelningar kan kräva tillstånd från rättighetshavarna (upphovsmän, förlag, utövare och producenter eller deras rättighetsförvaltande organisationer.) Sampling kan beivras om man kan bevisa att otillåtet nyttjande har skett.

Satellitsändningar

**kabelsändning, *rundradiosändning*

Satellitsändningar kan rättsligt sett delas upp i två huvudformer, dels sändning via s.k. direktsändande satellit som kan tas emot direkt av allmänheten, dels sändning via kommunikationssatellit avsedd för signaltransport och inte för att tas emot av allmänheten. Många sändningar via kommunikationssatellit sänds i dagens läge på sådana frekvenser som också kan tas emot av allmänheten och måste därför jämställas med sändningar via direktsändande satellit. Vilken form av sändning det är fråga om kan ha betydelse för upphovsrätt och avtalsreglering.

Lagen om satellitsändning av TV-program till allmänheten (SFS 1992:1356), satellitlagen, reglerar vad som gäller för satellitsändningar som utgår från Sverige.

Sceniskt verk

**musikaliskt verk, *musikdramatiskt verk*

Sceniskt verk är en form av *konstnärligt verk. Dit räknas framförandeversionen av t.ex. teaterpjäser, musikdramatiska verk, koreografi, iscensättningar och pantomimer. I skriftlig form är de *litterära verk.

Sekundäranvändning/sekundärutnyttjande

Inget rättsligt begrepp i egentlig mening. Det används emellertid på musikområdet för att beteckna olika former av tillkommande upphovsrättsliga nyttjanden som sker utöver det primära utnyttjande som parter tidigare kan ha enats om. Ett primärt utnyttjande kan t.ex. gälla framställning och försäljning av fonogram. Alla tillkommande användningar – t.ex. synkronisering av inspelningen till bild – som ligger utanför primäravtalet, kan betecknas som sekundäranvändning och kräver sina särskilda avtalsregleringar. Begreppet används också för att beteckna den ordning som parterna har överenskommit skall gälla för utnyttjanden som äger rum efter ett eller flera avtalade primärutnyttjanden. Det primära utnyttjandet beträffande en spelfilm kan t.ex. vara visning på biograf och uthyrning i videogramform, medan sekundära utnyttjanden kan vara att filmen därefter ställs till förfogande för visning i TV.

Singback

**playback*

Vid singback ligger en redan inspelad bakgrund, utan sång, som underlag för efterföljande inspelning eller live-framförande av sång.

Skadestånd

**ansvar, *gärningsman, *plagiat, *straff, *åtal*

Den som i strid med upphovsrättslagen utnyttjar ett verk eller prestation skall betala en ersättning i form av ett skäligt vederlag. Därutöver skall, om intrång skett av oaktsamhet eller uppsåtligen, dels ekonomiskt skadestånd dels ideellt skadestånd kunna utgå. Skyldighet att betala skäligt vederlag föreligger som regel även om intrånget skett i "god tro". Alla former av vederlag och ekonomiskt skadestånd är normalt skattepliktiga för mottagaren.

SKAP

"SKAP - Sveriges kompositörer och textförfattare - är Sveriges intresseförening för yrkesverksamma kompositörer, textförfattare och bearbetare. SKAP bedriver på uppdrag av sina drygt 1000 medlemmar påverkansarbete nationellt och internationellt, erbjuder medlemsservice och är huvudman i Stim". Citat ur SKAPS hemsida. Som ändamål anges att tillvarata medlemmarnas konstnärliga och upphovsrättsliga intressen, att fördela bidrag, stipendier och priser samt att verka för svensk populärmusik. I sitt påverkansarbete, både i Sverige och inom EU, arbetar SKAP för att värna upphovsrätten och den kulturella mångfalden. SKAP, som grundades 1926, är en huvudman för

Stim tillsammans med FST och Musikförläggarna. SKAP är representerat i bland annat KLYS och i det Konstnärliga rådet vid Statens musikverk. SKAP är ordförande i organisationen ECSA, the European Composer & Songwriter Alliance, som företräder Europas kompositörer och tonsättare. Se vidare SKAPS hemsida.

Skyddsmärkning

**Copyright-märket ©, *(P)-märket*

Skyddstid

**filmverk, *gemensamhetsverk, *giltighetstid, *preskription*

Skyddstiden för den egentliga upphovsrätten, dvs. konstnärliga och litterära verk, är upphovsmannens livstid plus ytterligare 70 kalenderår efter dödsåret. Skyddstiden kan följaktligen i vissa fall uppgå till nästan 71 år efter upphovsmannens död.

För utövande konstnärer och fonogramframställare, *närstående rättigheter, är skyddstiden för rättigheter till ljudupptagning numera 70 år (tidigare 50 år).

SMF (Svenska Musikerförbundet)

SMF, i dagligt tal Musikerförbundet, är en facklig organisation för instrumental- och vokalmusiker, musikartister, vokalister m.fl., mestadels frilansande, samt musikpedagoger, musiktekniker och vissa andra grupper.

Spill-over (over-spill)

Spill-over inträder när sändningar kan tas emot inom områden som de inte är avsedda för. Spill-over-effekter, även gränsöverskridande sådana, kan uppstå vid både satellitsändningar och jordbundna sändningar.

Spridningsrätt

**exemplar, *konsumtionsprincipen, *parallellimport, *uthyrning*

En av befogenheterna för upphovsmän och närstående rättighetshavare är den s.k. spridningsrätten, dvs. ensamrätten för dem att bestämma över exemplarspridning av deras verk, respektive inspelade prestationer. Sådan sker främst genom försäljning, uthyrning och utlåning. Denna rätt kan liksom lagens andra ekonomiska rättigheter helt eller delvis överlåtas till annan. Rätten inskränks genom den s.k. *konsumtionsprincipen (§19 URL), som innebär att så snart ett exemplar överlåtits, dvs. bytt ägare, får det spridas vidare. Denna rätt till vidarespridning gäller dock inte uthyrning eller andra därmed jämförliga rättshandlingar. För datorprogram gäller särskilda regler.

Stim (Svenska Tonsättares Internationella Musikbyrå)

*CISAC, *NCB, *SAMI, *utföranderättssällskap*

Stim är en ekonomisk förening med uppgift att med stöd av upphovsrättslagen se till att Stim-anslutna upphovsmän och musikförlag får ersättning när deras musikaliska verk överförs till allmänheten, framförs offentligt, dvs. spelas i radio, TV, på konserter, dansställen i butiker, osv.

Stim ansluter kompositörer, musikbearbetare/arrangörer, textförfattare och musikförlag.

Stim träffar avtal med *anordnare av överföringar till allmänheten och offentliga musikframföranden (företag, föreningar och enskilda personer) samt med radio- och TV-företag, och *upplåter därmed rätten för dem att använda Stims ”repertoar” mot ersättning och mot skyldighet för anordnaren att rapportera framförd musik.

De Stim-anslutna får även genom Stims försorg ersättning för inspelning och kopiering av sina verk (på CD eller andra *fonogram, film etc.) Sådan *licensiering sker via *NCB.

Stim har *ömsesidighetsavtal med motsvarande organisationer i andra länder. På så sätt tillvaratas svenska rättighetshavares intressen i utlandet samtidigt som svenska musikanvändare får tillgång till en hel världsrepertoar.

Stim stöder den svenska musiken bl. a. genom marknadsföringsåtgärder, publikations- och inspelningsverksamhet.

Stora rättigheter (grand rights)

**musikdramatiskt verk*

Uttryck som används inom Stim-området för att beteckna främst sceniska framföranden av musikdramatiska verk, t.ex. opera, operett, musical. Sådana framföranden omfattas inte automatiskt av Stims anslutningskontrakt, som endast avser framförandet av musikaliska verk. Genom komplettering av sitt anslutningskontrakt kan emellertid den Stim-anslutne upphovsmannen, om han så önskar, upplåta också utföranderättigheter till musikdramatiska verk, s.k. stora rättigheter, på Stim. När ett musikdramatiskt verk förlagts övergår dock förhandlingsuppdraget från Stim till förläggaren, som alltså träffar avtal direkt med respektive anordnare.

Stims repertoar av musikdramatiska verk omfattar alltså vissa icke förlagda verk (i manuskript) av svenska upphovsmän, som upplåtit denna sin framföranderätt på Stim. Bevakningen av Stim kan av praktiska skäl upprätthållas endast i Sverige, eftersom Stims *ömsesidighetsavtal med dess utländska motsvarigheter inte omfattar musikdramatiska verk.

Straff

**preskription, *skadestånd, *åtal*

Uppsåtliga (= avsiktliga) och grovt oaktsamma intrång i upphovsrätten är straffbara. Straffet är böter (dagsböter) eller fängelse i högst två år. Även försök och förberedelse till brott mot upphovsrättslagen är straffbara. (§53 URL) Också *medhjälpare kan straffas.

Även om domstol kommer fram till att brott inte föreligger, dvs. den åtalade har inte handlat avsiktligt eller grovt oaktsamt, skall den som frikänns för brott ändå normalt åläggas att betala skäligt vederlag för sitt utnyttjande av verk och prestationer/produktioner som skyddas av lagen.

Dessutom skall skadestånd utgå om verk/prestationer utnyttjas uppsåtligen eller av oaktsamhet (grov oaktsamhet krävs här ej). Både ekonomiskt och ideellt skadestånd kan utdömas.

Subförläggare

Med subförläggare avses en musikförläggare till vilken originalförläggare upplåtit förlagsrätt till musikverk för ett visst territorium. Subförläggare har vanligtvis rätt att uppbära viss andel av utförandeersättning och av licensavgift för mekaniskt mångfaldigande.

Sveriges Författarförbund

Författarförbundet skall enligt sina stadgar tillvarata författarnas och översättarnas ekonomiska och ideella intressen och bl.a. bevaka och försvara upphovsrätten och yttrandefriheten. Medlemskap kan vinnas av författare som dokumenterat sig som litterär yrkesutövare.

Ett stort antal av Författarförbundets medlemmar, som fått verk tonsatta eller inspelade, är anslutna till Stim.

SYMF (Sveriges yrkesmusikerförbund)

SYMF är en facklig organisation för musiker och korister, företrädesvis verksamma inom fasta yrkesorkestrar, ensembler och körer samt frilansande kammarmusiker.

Synkronisering

**musiksättning*

Synkronisering eller ljudfästning är ord som i första hand används för musiksättning till filmer och andra audiovisuella produktioner och där tidigare inspelad eller speciellt producerad musik överförs till film och anpassas efter filmens bilder.

Synkronisering innefattar överföring av inspelad musik från en anordning till annan, vilket kräver tillstånd av rättighetshavarna. NCB lämnar tillstånd för upphovsmans och ev. förlags räkning. För utövarnas del klareras sådana rättigheter genom SMF eller SAMI eller av anvisad organisation. Vid utnyttjande av musik från grammofonskivor eller andra utgivna *fonogram krävs dessutom medgivande av berörd *framställare. Viss samordning mellan berörda organisationer är utvecklad.

Sångtext

**dikt*

T.

Teaterförbundet (TF)

Teaterförbundet – fackförbundet för scen och media – organiserar skådespelare, sångare, dansare, artister, regissörer, koreografer, scenografer, filmfotografer, såväl anställda som egenföretagare, inom teater, film, radio, television och andra närbesläktade områden.

Territoriell begränsning

**konventioner, *nationell behandling*

Upphovsrätt är i sig nationell. Det skydd som den svenska upphovsrättslagen ger gäller således endast inom Sverige. Genom anslutning till internationella konventioner på upphovsrättens område har emellertid åstadkommits att svenska rättighetshavare åtnjuter skydd i andra länder, enligt dessa länders lagstiftning. På motsvarande sätt får rättighetshavare från andra konventionsländer samtidigt skydd i Sverige enligt svensk lag.

Territoriell begränsning är även en vanlig begränsningsform i upphovsrättsliga nyttjandeavtal.

Tillfälliga exemplar

Det är tillåtet att framställa tillfälliga former av exemplar som är led i en teknisk process, §11a URL. Sådana exemplar skall vara ”flyktiga”, av underordnad betydelse och får inte ha någon självständig ekonomisk betydelse. Det kan till exempel gälla exemplar som tillfälligt uppstår inom nätverk som internet.

Tillstånd

**avtal, *licens, *upplåtelse*

Tillstånd från rättighetshavare för olika avtalade *upplåtelser av nyttjanderätter kan ges i både muntlig och skriftlig form. Behovet av klarhet och precisering av upplåtelser medför dock att skriftlig dokumentation ofta behövs. Tillstånd bör därför lämnas genom kontrakt eller utfärdad *licens.

Titelskydd

Bestämmelsen om titelskydd i upphovsrättslagens §50 är till för att undvika förväxlingar av titlar på redan existerande verk eller deras upphovsmän. Det är viktigt för både upphovsmannen och konsumenten att dessa bestämmelser beaktas.

En titel har normalt ett eget skydd. Den behöver inte vara särpräglad för att ha skydd, men viss egenart krävs.

Titelskyddet gäller i princip utan tidsbegränsning och upphör alltså inte när det skyddade verket blir fritt.

Travesti
**parodi*

TROMB – Teaterförbundets rättighets- och medieaktiebolag
Tromb är Teaterförbundets rättighetsbolag på medieområdet.

Tryckfrihetsförordningen
**yttrandefrihetsgrundlagen*
En form av yttrandefrihet, som tillkommer varje medborgare, är att utan några hinder trycka och ge ut skrifter. Tryckfriheten är garanterad genom Tryckfrihetsförordningens regler, som innebär skydd mot censur, efterforskning och andra hindrande åtgärder.

Tvångslicens
**avtalslicens, *ensamrätt, *ersättningsrätt *inskränkningar i upphovsrätten*
Tvångslicens innebär att en *rättighetshavares *ensamrätt inskränks på så sätt att denne inte har rätt att för visst angivet nyttjande och under vissa förutsättningar åberopa eller utnyttja sin ensamrätt/förfoganderätt avseende utnyttjandet av verket, prestationen eller produkten ifråga.

Tvångslicens är förenad med en ersättningsrätt, som i till exempel §47 upphovsrättslagen.

U.

Undervisning

**avtalslicens, *inskränkningar i upphovsrätten*

I upphovsrättslagen finns några bestämmelser om undervisning, t.ex. får exemplar av utgivna verk framställas genom reprografiskt förfarande samt upptagningar av program som sänds i radio eller TV göras om *avtalslicens råder. Till undervisning räknas också studiecirkelverksamhet i organiserade former, däremot inte annan folkbildningsverksamhet.

Utgivna verk, dock inte *filmverk och *sceniska verk, får framföras fritt vid undervisning.

Upphovsman

**gemensam upphovsrätt, *pseudonym, *rättighetshavare*

Upphovsman är den fysiska person som skapat ett *verk. En juridisk person, t. ex. ett aktiebolag, kan aldrig vara ursprunglig skapare av ett verk och bärare av den personliga och ideella rätt som ett upphovsmannaskap enligt upphovsrätten innebär.

Ibland kan flera upphovsmän tillsammans skapa ett verk genom att deras olika bidrag inte utgör självständiga verk. I sådant fall utövas upphovsrätten gemensamt av upphovsmännen.

Termen upphovsman används i upphovsrättslagen för att beteckna den som skapat ett verk, men också av praktiska skäl för att beteckna den som är *rättighetshavare. När det talas om upphovsmannens rätt till ersättning syftar man också på den som är innehavare av upphovsrätten, även efter upphovsmannens död.

Upphovsmannakonto

Enligt lag om upphovsmannakonto kan en individuell rättighetshavare, som under ett visst år haft ovanligt hög inkomst, få uppskov med beskattning av en viss del av inkomsten om den sätts in på ett särskilt bankkonto, s.k. upphovsmannakonto. Bestämmelsen har tillkommit för att möjliggöra en resultatutjämning mellan inkomststarka och inkomstsvaga perioder samt att motverka konsekvenser av oregelbundenheter i inkomster och utgifter.

Rätten till sådant uppskov gäller inkomster enligt upphovsrättslagen, alltså även Stim/NCB- och SAMI-inkomster.

Upphovsrätt

**immaterialrätt*

Upphovsrätt är i första hand en benämning på den del av immaterialrätten som ger skydd åt konstnärliga och litterära verk. Ordet upphovsrätt används dock ofta med en vidare innebörd, så att också *närstående rättigheter omfattas.

Upphovsrättsförordningen

Denna förordning innehåller vissa verkställighetsföreskrifter till upphovsrättslagen bl.a. om upptagningar för radio- och TV-utsändningar och om vilka akademier som har rätt att föra talan i samband med kränkande användning av verk

Upphovsrättslagen

Lagen om upphovsrätt till litterära och konstnärliga verk (SFS 1960:729) allmänt kallad upphovsrättslagen (URL) innehåller regler om upphovsrätt och närstående rättigheter. Lagen har ändrats ett flertal gånger under senare tid, inte minst som en följd av olika EG-direktiv.

Upplåtelse

**förfoganderätt, *licens, *vidareöverlåtelse, *överlåtelse*

Upphovsrätt kan överlåtas eller upplåtas helt eller delvis, §27 upphovsrättslagen. När upphovsrätten och förfoganderätten inte ”överlåts” (= byter ägare) talar man om upplåtelse.

Upplåtelse kan vara begränsad till tid, art och omfattning och även territoriellt. Upplåtelse kan vara med ensamrätt för förvärvaren. Ensamrätt betyder i detta sammanhang ”exklusiv rätt” för den, till vilken förfoganderätten upplåtits, att hindra andra från det nyttjande som upplåtelsen/licensen omfattar. Observera att den ideella rätten inte kan överlåtas.

Ett exempel på upplåtelse av förfoganderätt är *anslutning till *Stim, som innebär att upphovsmannen, på de villkor som finns i anslutningskontraktet, upplåter överförings/framföranderätt och inspelningsrätt på Stim.

URL

Vedertagen förkortning för den svenska upphovsrättslagen (SFS 1960:729).

Utföranderättssällskap

**CISAC, *Stim*

Den gängse termen, främst på musikområdet, för en organisation som på de *anslutnas vägnar förvaltar rätten till överföring till allmänheten och offentligt framförande samt insamlar, fördelar och utbetalar ersättning till rättighetshavarna. Stim är ett sådant sällskap.

Utgivning

**offentliggörande*

Utgivning är en form av *offentliggörande. §8 upphovsrättslagen anger att ett verk skall anses utgivet ”då exemplar därav med upphovsmannens samtycke förts i handeln eller eljest blivit spridda till allmänheten”. Utgivning innebär alltså alltid *exemplarspridning, som då kan ske i tryckt eller inspelad form, t. ex. genom grammofonskiva eller videogram.

Uthyrning

**exemplar, fonogram, *konsumtionsprincipen , *utlåning, *videogram*

Uthyrning är en form av *exemplarspridning utan överlåtelse av äganderätten till exemplaret, men mot ekonomisk vederlag för att erhålla dispositionsrätt under begränsad tid.

Uthyrningsrätt

**ensamrätt, *oeftergivlig ersättningsrätt, *spridningsrätt, *uthyrning, *utlåning*

Uthyrningsrätten är en del av den *spridningsrätt som föreskrivs i upphovsrättslagen för *upphovsmän, *utövare och *framställare. Sådan uthyrningsrätt kan överlåtas eller upplåtas.

Om/när sådan uthyrningsrätt till ett verk eller framförande av upphovsmannen eller utövaren överlåtits till en *framställare av ljudupptagningar (= *fonogramframställare) eller upptagningar av rörliga bilder (= filmproducent) inträder en s.k. *oeftergivlig ersättningsrätt, som, såsom benämningen anger, inte kan överlåtas eller efterges. (§29 URL)

Utlåning

**uthyrning*

Utlåning är en form av exemplarspridning utan överlåtelse av äganderätt och utan erläggande av vederlag för dispositionsrätt under begränsad tid. Täckning av omkostnader får dock tas ut.

Utmätning

**konkurs*

Utsändning

**rundradiosändning, *satellitsändning, *vidaresändning, *återutsändning*

I upphovsrättsliga sammanhang brukar man skilja mellan ”ursprunglig sändning” och vidaresändning, och likaså mellan förstasändning och reprissändning. ”Egensändning” är ett uttryck som ofta ersätter ”ursprungssändning” och används då för att avse ett visst sändningsföretags egna sändningar.

Utsändningsskydd

**radio- och TV-företags rättigheter*

Utövande konstnär – utövare

**närstående rättigheter*

”Utövande konstnär”, eller förkortat ”utövare” är i upphovsrättsliga sammanhang en samlad beteckning för artister, musiker, skådespelare, sångare, dansare och andra personer som framför, sjunger, utför, spelar i, tolkar eller eljest framför konstnärliga eller litterära verk eller uttryck av folklore.

Utövarnas rättigheter anges i svensk lag under kapitel 5, ”närstående rättigheter”. Skydd och rättigheter är kopplade till ”framförande av verk”. Det spelar i sammanhanget inte någon roll om verket är skyddat eller fritt. Några speciella kvalitetskrav på framförandet finns ej. En cirkusartist eller annan utövare, som inte framför litterära eller konstnärliga verk, har inget upphovsrättsligt skydd för sina prestationer. En dansare däremot, som framför ett koreografiskt verk, har skydd för sitt framförande.

V.

Verk

**bearbetning, *filmverk, *gemensam upphovsrätt, *konstnärligt verk, *litterärt verk, *musikaliskt verk, *musikdramatiskt verk, *nytt självständigt verk, *sceniskt verk, *verkshöjd, *översättning*
Upphovsrätten skyddar litterära och konstnärliga verk. Begreppen har ingen definition i lagen. I stället anges vissa former av verk, t. ex. skönlitteratur, beskrivande framställning i skrift eller tal, musikaliskt verk, sceniskt verk, filmverk och alster av bildkonst. Diskussionen om verksbegreppets avgränsning är omfattande. Viss vägledning kan man få av lagens förarbeten och av domstolspraxis.

Ett verk är alltid skapat av en fysisk person, (i vissa fall två eller flera fysiska personer). En juridisk person (t. ex. ett aktiebolag) kan inte vara ursprunglig upphovsman till ett verk. En målning av en apa är alltså inte ett verk i upphovsrättslagens mening.

Ett verk skall vara resultatet av ett individuellt andligt skapande. Det skall skilja sig både från sådant verk som skapats tidigare och från vad man kan föreställa sig lika gärna någon annan än upphovsmannen kunnat åstadkomma. Det skall med andra ord ha s.k. *”verkshöjd”. Verkshöjd kan föreligga trots att man är påverkad av annan upphovsman eller fått inspiration från annat håll. Det är inte själva idén, ämnet eller motivet som skyddas utan den personliga utformning som verket har fått. Blir likheten med något som skapats tidigare alltför stor, föreligger risk att verket kan betraktas som plagiat av annat verk.

Lagen uppställer inga kvalitetskrav. Det ställs inte heller något krav på att verket varit nedtecknat. En improvisation kan skyddas av upphovsrättslagen. Det finns i svensk lag inte heller något krav på registrering av verket för att få upphovsrättsligt skydd. Skyddet uppstår automatiskt vid verkets tillblivelse.

Verkshöjd

**bearbetning, *nytt självständigt verk, *verk, *översättning*

Verkshöjd är ett ofta använt begrepp för att bestämma vad som skyddas av upphovsrätten. Begreppet har bildats efter förebild av patenträttens ”uppfinningshöjd”. Ett verk skall vara ett resultat av ett individuellt andligt skapande och ge uttryck för ett visst mått av självständighet och originalitet. Kvalitetskrav ställs inte.

Vidaresändning

**avtalslicens, *rundradiosändning, *utsändning, *återutsändning*

Term som brukar användas för att beteckna samtidig och oförändrad vidaresändning av radio- och TV-program i kabelnät. Härmed avses främst den situation när annan part än det sändande radio- eller TV-företaget samtidigt och utan ändringar vidaresänder program till hushåll, som är anslutna till kabelnätet. Vidaresändning av etersändningar sker även t. ex. inom hotell, varuhus etc. Vidaresändning kan också vara trådlös.

För vidaresändning finns en särskild lagreglering i upphovsrättslagen 42 f § avseende *avtalslicens.

Vidareöverlåtelse

**upplåtelse, *överlåtelse*

Enligt en bestämmelse i upphovsrättslagen §28 föreligger ett allmänt förbud, för den till vilken upphovsrätt överlåtits, att överlåta rätten vidare. Bestämmelsen är dispositiv, vilket innebär att att parterna kan avtala annorlunda. För att en vidareöverlåtelse skall få ske krävs alltså enligt huvudregeln en överenskommelse om detta. Ett undantag från förbudet mot vidareöverlåtelse finns som innebär, att om rätten ingår i en rörelse, så får den överlåtas i samband med att rörelsen eller en del av denna överlåtes. Om så sker svarar dock överlåtaren fortfarande för att avtalets fullgörande.

Videogram

**exemplar, *filmverk, *fonogram, *konsumtionsprincipen, *spridningsrätt, *uthyrning*

I dagligt tal kan man säga att videogram är ett samlingsbegrepp för videokassetter och videoskivor. I båda fallen rör det sig om anordningar i exemplarform för lagring av audiovisuella produktioner. Det kan röra sig om originalproduktioner inspelade direkt för videogram eller musikvideor liksom överförda existerande spelfilmer eller TV-program.

Upphovsrättslagen innehåller inte någon definition av termen videogram. Lagens bestämmelser om filmverk tillämpas på sådana videogram, där innehållet kan sägas utgöra filmverk i lagens mening.

Vite

Med anledning av ökat olovligt nyttjande av upphovsrättsligt skyddade verk, prestationer och produktioner har det ansetts viktigt att snabbt kunna vidta effektiva sanktioner. Ett sätt är att utnyttja s.k. vitesförbud. En sådan sanktionsform kan utnyttjas vid intrång i upphovsrätten. Den innebär att domstol, när ett intrång begåtts, kan förbjuda fortsatt intrång vid äventyr av vite. Sådant förbud kan även meddelas interimistiskt.

Världskonventionen – (Universal Copyright Convention / UCC) (1952)

**konventioner*

Världskonventionen om upphovsrätt administreras av UNESCO. Den är en av de två konventioner som skyddar den egentliga upphovsrätten. Den andra är *Bernkonventionen.

Världskonventionen syftar till att möjliggöra för länder, vars nationella lagstiftning inte uppfyller Bernkonventionens minimikrav, att ansluta sig till en internationell reglering av upphovsrätten. Minimitiden för skydd är intill 25 år förflutit efter upphovsmannens död.

W.

WIPO (World Intellectual Property Organization)

**konventioner*

WIPO (fransk förkortning: OMPI) är FNs organ för s.k. intellektuell äganderätt. WIPO, som har ansvar för ett antal konventioner inom immaterialrättsområdet, spelar en avgörande roll för utvecklingen av upphovsrätten, nationellt och internationellt. WIPO har ansvaret för administrationen av Bernkonventionen och är en av "faddrarna" bakom Romkonventionen (tillsammans med ILO och UNESCO). Under december månad 1996, vid en av WIPO anordnad och uppmärksammad diplomatisk konferens, antogs två internationella överenskommelser för upphovsrättsområdet, WCT (=WIPO Copyright Treaty) och WPPT (= WIPO Performances and Phonograms Treaty) som innebär viktiga kompletteringar av befintliga internationella instrument, med anpassning till bl.a. den digitala tekniken.

WTO (World Trade Organisation)

WTO (på svenska Världshandelsorganisationen) är utveckling av tidigare GATT. WTO står bakom det s.k. TRIPS-avtalet (1994), som behandlar vissa upphovsrättsliga frågor. TRIPS-avtalet innehåller för anslutna stater vissa bindande verkställighetsregler, processuella bestämmelser och sanktionsbestämmelser samt vissa regler om *nationell behandling m.m.

Y.

Yttrandefrihetsgrundlagen (YGL)

**tryckfrihetsförordningen*

Medan *tryckfrihetsförordningen reglerar tryckta skrifter, reglerar yttrandefrihetsgrundlagen från 1992 yttrandefriheten i radio och TV, film, videogram samt ljudupptagningar.

Å.

Åklagare

**åtal*

Åtal

**ansvar, *gärningsman, *plagiat, *preskription, *skadestånd, *straff*

Talan inför domstol om ansvar för brott mot upphovsrättslagen skall enligt huvudregeln ske efter angivelse av målsäganden (=rättsinnehavaren): s.k. angivelsebrott. Det är även möjligt för åklagare att självständigt väcka åtal om det får anses påkallat ur allmän synpunkt. Samhället tar i båda fallen på sig kostnaderna för utredning och förundersökning. Åklagaren kan i samband med ansvarstalan också åta sig att föra skadeståndstalan. I skadeståndsärenden som ej är enkla kan dock en åklagare avböja att föra talan om skadestånd. Upphovsmannen/rättsinnehavaren kan då föra talan särskilt, antingen tillsammans med åtalet eller i den ordning som är bestämd för vanliga civilmål.

Allmänt åtal, utan angivelse av målsäganden, kan bli aktuellt t. ex. i samband med omfattande *piratverksamhet eller i situationer då rättsinnehavarna i stor utsträckning befinner sig utanför Sverige. Skulle åklagaren inte väcka åtal trots angivelse har upphovsmannen/rättsinnehavaren egen rätt att föra s.k. enskilt åtal. Upphovsmannen/rättsinnehavaren får då själv eller genom anlitat ombud agera åklagare och yrka på straff.

Återutsändning

**vidaresändning*

Samtidig trådlös vidaresändning i annat sändningdföretags regi än det ursprungliga benämns återutsändning (rebroadcasting).

Ä.

Ändringar

**droit moral, *ideell rätt*

I princip råder ändringsförbud beträffande skyddade verk. Upphovsmannen har ensamrätt att bestämma om hans verk skall få användas i ändrat skick. En otillåten ändring kan leda till att hans *ideella rätt kränks.

3§ URL anger att ”Ett verk må icke ändras så att upphovsmannens litterära eller konstnärliga anseende eller egenart kränkes”. Genom hänvisning i §45 gäller denna bestämmelse också för utövande konstnärers prestationer.

Har upphovsrätt överlåtits är ändringsförbudet totalt, om inte annat särskilt avtalats.

Av en särskild bestämmelse i lagen (§11 URL) framgår att opåkallade ändringar inte är tillåtna när ett verk i övrigt får fritt utnyttjas enligt de särskilda undantags-/inskränkningsbestämmelser som finns i lagen. (Jfr *inskränkningar i upphovsrätten.)

Ö.

Ömsesidighetsavtal

**avtal, *bilaterala avtal, *CISAC*

Ömsesidighetsavtal, ibland bilaterala avtal, är en på upphovsrättsområdet använd benämning på avtal mellan upphovsrättsorganisationer i olika länder.

CISAC har framställt modeller för sådana avtal för upphovsmannasidan. Motsvarande modeller finns för utövaresidan.

Ömsesidighetsavtalen innebär som regel att de avtalsslutande organisationerna utbyter mandat att upplåta rättigheter, insamla och fördela ersättningar samt att enligt särskilda regler utväxla ersättningar med varandra.

En grund för dessa avtal är att vid upplåtelse av nyttjanderättigheter i det egna landet, den avtalsslutande organisationen också kan göra utländsk repertoar tillgänglig. En annan är principen om ”nationell behandling”, innebärande att utländska rättighetshavare skall behandlas på samma sätt som landets egna.

Överföring till allmänheten

**offentligt framförande, *on demand, *fildelning*

Alla former av överföring till allmänheten ligger under upphovsmannens ensamrätt. Under detta begrepp, som infördes i upphovsrättslagen den 1 juli 2005, sorterar numera alla former av tillgängliggöranden av skyddade verk och prestationer som sker på distans, dvs. allmänheten befinner sig på en annan plats än den där själva åtgärden att överföra äger rum. Som ett typexempel kan nämnas radio- och TV-utsändningar, men även överföringar som sker genom internet hör hit. Tidigare omfattade begreppet offentligt framförande också olika former av överföring till allmänheten. Offentligt framförande gäller numera endast framföranden som äger rum där allmänheten samtidigt befinner sig, t.ex. en livekonsert eller en uppspelning av en grammofonskiva.

Överlåtelse

**upplåtelse *vidareöverlåtelse*

Upphovsrätt kan helt eller delvis överlåtas. (§27 URL) En s.k. ”totalöverlåtelse” innebär att upphovsmannen eller utövaren helt frånträder sina rättigheter, förutom den ideella rätten. Ägandet övergår helt till den andra parten. Den ursprunglige rättighetshavaren kan då helt eller delvis förlora kontakten med sina verk eller prestationer.

Vid icke fullständig eller tidsbegränsad överlåtelse talar man hellre om ”upplåtelse” av rätt. Detta gäller vanligtvis nyttjanderätt avgränsad till art, omfattning och/eller tid, ibland även territoriellt. Sådan nyttjanderätt kan vara exklusiv, alltså med ensamrätt för ”köparen” eller inte exklusiv.

Upphovsmäns och utövares intresseorganisationer avråder normalt från totalöverlåtelser och förordar i stället successiva upplåtelser under hela den tid verket/prestationen åtnjuter upphovsrättsligt skydd.

Översättning

**bearbetning, *verk*

En översättare har upphovsrätt till sin översättning av ett verk enligt samma principer som gäller för originalupphovsmannen.

Hans upphovsrätt föreligger oavsett om originalverket är skyddat eller ej. Om ett originalverk är skyddat behöver dock översättaren upphovsmannens eller dennes förlags tillstånd att utnyttja översättningen. Här gäller alltså samma villkor som för *bearbetningar. Den som vill utnyttja, t. ex. trycka det översatta verket måste ha tillstånd från både originalupphovsmannen (eller dennes förlag) och översättaren.

Lag (1960:729) om upphovsrätt till litterära och konstnärliga verk

1 Kap. Upphovsrättens föremål och innehåll

1 § Den som har skapat ett litterärt eller konstnärligt verk har upphovsrätt till verket oavsett om det är
1. skönlitterär eller beskrivande framställning i skrift eller tal,
2. datorprogram,
3. musikaliskt eller sceniskt verk,
4. filmverk,
5. fotografiskt verk eller något annat alster av bildkonst,
6. alster av byggnadskonst eller brukskonst, eller
7. verk som har kommit till uttryck på något annat sätt.

Till litterära verk hänförs kartor, samt även andra i teckning eller grafik eller i plastisk form utförda verk av beskrivande art.

Vad som i denna lag sägs om datorprogram skall i tillämpliga delar gälla även förberedande designmaterial för datorprogram. *Lag (1994:190).*

2 § Upphovsrätt innefattar, med de inskränkningar som föreskrivs i det följande, uteslutande rätt att förfoga över verket genom att framställa exemplar av det och genom att göra det tillgängligt för allmänheten, i ursprungligt eller ändrat skick, i översättning eller bearbetning, i annan litteratur- eller konstart eller i annan teknik.

Framställning av exemplar innefattar varje direkt eller indirekt samt tillfällig eller permanent framställning av exemplar av verket, oavsett i vilken form eller med vilken metod den sker och oavsett om den sker helt eller delvis.

Verket görs tillgängligt för allmänheten i följande fall:

1. När verket överförs till allmänheten. Detta sker när verket på trådbunden eller trådlös väg görs tillgängligt för allmänheten från en annan plats än den där allmänheten kan ta del av verket. Överföring till allmänheten innefattar överföring som sker på ett sådant sätt att enskilda kan få tillgång till verket från en plats och vid en tidpunkt som de själva väljer.
2. När verket framförs offentligt. Offentligt framförande innefattar endast sådana fall då verket görs tillgängligt för allmänheten med eller utan användning av ett tekniskt hjälpmedel på samma plats som den där allmänheten kan ta del av verket.
3. När exemplar av verket visas offentligt. Offentlig visning innefattar endast sådana fall då ett exemplar av ett verk görs tillgängligt för allmänheten utan användning av ett tekniskt hjälpmedel på samma plats som den där allmänheten kan ta del av exemplaret. Om ett tekniskt hjälpmedel används är det i stället ett offentligt framförande.
4. När exemplar av verket bjuds ut till försäljning, uthyrning eller utlåning eller annars sprids till allmänheten.

Med överföring till allmänheten och offentligt framförande jämställs överföringar och framföranden som i förvärvsverksamhet anordnas till eller inför en större sluten krets. *Lag (2005:359).*

3 § Då exemplar av ett verk framställes eller verket göres tillgängligt för allmänheten, skall upphovsmannen angivas i den omfattning och på det sätt god sed kräver.

Ett verk må icke ändras så, att upphovsmannens litterära eller konstnärliga anseende eller egenart kränkes; ej heller må verket göras tillgängligt för allmänheten i sådan form eller i sådant sammanhang som är på angivet sätt kränkande för upphovsmannen.

Sin rätt enligt denna paragraf kan upphovsmannen med bindande verkan eftergiva endast såvitt angår en till art och omfattning begränsad användning av verket.

4 § Den som översatt eller bearbetat ett verk eller överfört det till annan litteratur- eller konstart har upphovsrätt till verket i denna gestalt, men han äger icke förfoga däröver i strid mot upphovsrätten till originalverket.

Har någon i fri anslutning till ett verk åstadkommit ett nytt och självständigt verk, är hans upphovsrätt ej beroende av rätten till originalverket.

5 § Den som genom att sammanställa verk eller delar av verk åstadkommit ett litterärt eller konstnärligt samlingsverk har upphovsrätt till detta, men hans rätt inskränker icke rätten till de särskilda verken.

6 § Har ett verk två eller flera upphovsmän, vilkas bidrag icke utgöra självständiga verk, tillkommer upphovsrätten dem gemensamt. De äga dock var för sig beivra intrång i rätten.

7 § Såsom upphovsman anses, där ej annat visas, den vars namn eller ock allmänt kända pseudonym eller signatur på sedvanligt sätt utsättes på exemplar av verket eller angives då detta göres tillgängligt för allmänheten.

Är ett verk utgivet utan att upphovsmannen är angiven såsom i första stycket sägs, äger utgivaren, om sådan är nämnd, och eljest förläggaren företräda upphovsmannen, till dess denne blivit angiven på ny upplaga eller genom anmälan i justitiedepartementet.

8 § Ett verk anses offentliggjort, då det lovligen gjorts tillgängligt för allmänheten.

Verket anses utgivet, då exemplar därav med upphovsmannens samtycke förts i handeln eller eljest blivit spridda till allmänheten. *Lag (1973:363).*

9 § Upphovsrätt gäller inte till
1. författningar,
2. beslut av myndigheter,
3. yttranden av svenska myndigheter och
4. officiella översättningar av sådant som avses i 1-3.

Upphovsrätt gäller dock till verk vilka ingår i en handling som avses i första stycket och är av följande slag:
1. kartor,
2. alster av bildkonst,
3. musikaliska verk eller
4. diktverk.

Upphovsrätt gäller även till ett verk som ingår i en bilaga till ett beslut av en myndighet, om beslutet avser rätten att ta del av den allmänna handling där verket ingår. *Lag (2000:92).*

10 § Upphovsrätt till ett verk gäller även om verket har registrerats som mönster.

Upphovsrätt gäller inte till kretsmönster för halvledarprodukter. Om rätten till sådana kretsmönster finns särskilda bestämmelser. *Lag (1994:190).*

2 Kap. Inskränkningar i upphovsrätten

Allmänna bestämmelser om inskränkningar

11 § Bestämmelserna i detta kapitel medför inga inskränkningar i upphovsmannens rätt enligt 3 § utöver dem som följer av 26 c §.

När ett verk återges offentligt med stöd av detta kapitel skall källan anges i den omfattning och på det sätt som god sed kräver samt får verket inte ändras i större utsträckning än användningen kräver. *Lag (1993:1007).*

Framställning av tillfälliga exemplar

11 a § Tillfälliga former av exemplar av verk får framställas, om framställningen utgör en integrerad och väsentlig del i en teknisk process och om exemplaren är flyktiga eller har underordnad betydelse i processen. Exemplaren får inte ha självständig ekonomisk betydelse.

Framställning av exemplar enligt första stycket är tillåten bara om det enda syftet med framställningen är att möjliggöra

1. överföring i ett nät mellan tredje parter via en mellanhand, eller
2. laglig användning, dvs. användning som sker med tillstånd från upphovsmannen eller dennes rättsinnehavare, eller annan användning som inte är otillåten enligt denna lag.

Första och andra styckena ger inte rätt att framställa exemplar av litterära verk i form av datorprogram eller sammanställningar. Lag *(2005:359).*

11 b § Har upphävts genom lag (1993:1007).

Framställning av exemplar för privat bruk

12 § Var och en får för privat bruk framställa ett eller några få exemplar av offentliggjorda verk. Såvitt gäller litterära verk i skriftlig form får exemplarframställningen dock endast avse begränsade delar av verk eller sådana verk av begränsat omfång. Exemplaren får inte användas för andra ändamål än privat bruk.

Första stycket ger inte rätt att
1. uppföra byggnadsverk,
2. framställa exemplar av datorprogram, eller
3. framställa exemplar i digital form av sammanställningar i digital form.

Första stycket ger inte heller rätt att för privat bruk låta en utomstående
1. framställa exemplar av musikaliska verk eller filmverk,
2. framställa bruksföremål eller skulpturer, eller
3. genom konstnärligt förfarande efterbilda andra konstverk.

Denna paragraf ger inte rätt att framställa exemplar av ett verk när det exemplar som är den egentliga förlagan framställts eller gjorts tillgängligt för allmänheten i strid med 2 §. *Lag (2005:359).*

13 § Ny beteckning 42 c § genom *lag (2005:359).*

Framställning av exemplar för undervisningsändamål

14 § För undervisningsändamål får lärare och elever göra upptagningar av sina egna framföranden av verk. Upptagningarna får inte användas för andra ändamål. Lag (1993:1007).

15 § Har upphävts genom *lag (2005:359).*

15 a § Har upphävts genom *lag (1993:1007).*

Framställning och spridning av exemplar inom vissa arkiv och bibliotek

16 § De arkiv och bibliotek som avses i tredje och fjärde styckena har rätt att framställa exemplar av verk, dock inte datorprogram,
1. för bevarande-, kompletterings- eller forskningsändamål,
2. för att tillgodose lånesökandes önskemål om enskilda artiklar eller korta avsnitt eller om material som av säkerhetsskäl inte bör lämnas ut i original, eller
3. för användning i läsapparater.

Exemplar som framställs på papper med stöd av första stycket 2 får spridas till lånesökande.

Rätt till exemplarframställning och spridning enligt denna paragraf har
1. de statliga och kommunala arkivmyndigheterna,
2. de vetenskapliga bibliotek och fackbibliotek som drivs av det allmänna, och
3. folkbiblioteken.

Regeringen får i enskilda fall besluta att vissa andra arkiv och bibliotek än de som anges i tredje stycket ska ha rätt till exemplarframställning enligt denna paragraf. *Lag (2013:691).*

Framställning av exemplar m.m. till personer med funktionshinder

17 § Var och en får på annat sätt än genom ljudupptagning framställa sådana exemplar av offentliggjorda litterära och musikaliska verk samt av offentliggjorda alster av bildkonst, som personer med funktionshinder behöver för att kunna ta del av verken. Exemplaren får också spridas till dessa personer.

De bibliotek och organisationer som regeringen beslutar i enskilda fall får även

1. överföra exemplar av de verk som avses i första stycket till personer med funktionshinder som behöver exemplaren för att kunna ta del av verken,
2. genom ljudupptagning framställa sådana exemplar av offentliggjorda litterära verk som personer med funktionshinder behöver för att kunna ta del av verken, samt sprida och överföra ljudupptagningarna till dessa personer, och
3. framställa sådana exemplar av verk som sänds ut i ljudradio eller television och av filmverk som döva eller hörselskadade behöver för att kunna ta del av verken, samt sprida och överföra exemplar av verken till dessa personer.

Framställning av exemplar, spridning av exemplar och överföring till allmänheten av exemplar med stöd av denna paragraf får inte ske i förvärvssyfte. Exemplaren får inte heller användas för andra ändamål än som avses i paragrafen.

När bibliotek och organisationer sprider exemplar eller överför exemplar av verk till personer med funktionshinder på ett sådant sätt att dessa personer får behålla ett exemplar av verket, har upphovsmannen rätt till ersättning. Detsamma gäller om någon med stöd av första stycket andra meningen överlåter fler än några få exemplar till personer med funktionshinder. *Lag (2005:359).*

Framställning av samlingsverk för användning vid undervisning

18 § Den som framställer ett samlingsverk, sammanställt ur verk från ett större antal upphovsmän, för användning vid undervisning, får återge mindre delar av litterära och musikaliska verk

och sådana verk av litet omfång, om det har gått fem år efter det år då verken gavs ut. Konstverk får återges i anslutning till texten, om det har gått fem år efter det år då verket offentliggjordes. Upphovsmännen har rätt till ersättning.

Första stycket gäller inte sådana verk som har skapats för att användas vid undervisning och ger inte rätt att i förvärvssyfte framställa samlingsverk. *Lag (2005:359).*

Spridning av exemplar

19 § När ett exemplar av ett verk med upphovsmannens samtycke har överlåtits inom Europeiska ekonomiska samarbetsområdet, får exemplaret spridas vidare.

Första stycket ger inte rätt att tillhandahålla allmänheten
1. exemplar av verk, utom byggnader och brukskonst, genom uthyrning eller andra jämförliga rättshandlingar, eller
2. exemplar av datorprogram i maskinläsbar form eller filmverk genom utlåning. *Lag (2005:359).*

Visning av exemplar

20 § När ett verk har utgivits får de exemplar som omfattas av utgivningen visas offentligt. Motsvarande gäller när upphovsmannen har överlåtit exemplar av ett konstverk. *Lag (2005:359).*

Konstverk som ingår i en film, ett televisionsprogram eller en bild

20 a § Var och en får genom film eller televisionsprogram framställa och sprida exemplar av konstverk, framföra konstverk offentligt och överföra konstverk till allmänheten, om förfogandet är av underordnad betydelse med hänsyn till filmens eller televi-

sionsprogrammets innehåll. Motsvarande förfoganden får göras vad gäller konstverk som förekommer i bakgrunden av eller annars ingår som en oväsentlig del av en bild.

Förfoganden enligt första stycket får dock endast ske om förlagan till det exemplar som framställs när konstverket tas in i filmen, televisionsprogrammet eller bilden är ett exemplar som omfattas av en utgivning av konstverket eller ett exemplar som överlåtits av upphovsmannen. Om någon exemplarframställning inte sker, gäller motsvarande det exemplar som direkt överförs till allmänheten genom televisionsprogrammet. *Lag (2005:359).*

Offentliga framföranden

21 § Var och en får, med undantag för filmverk och sceniska verk, framföra offentliggjorda verk offentligt

1. vid tillfällen där framförandet av sådana verk inte är det huvudsakliga, tillträdet är avgiftsfritt och anordnandet sker utan förvärvssyfte samt
2. vid undervisning eller gudstjänst.

Riksdagen samt statliga och kommunala myndigheter får i fall som avses i första stycket 1 även framföra offentliggjorda filmverk och sceniska verk. Verken får framföras endast genom en uppkoppling till ett externt nätverk som tillhandahålls i syfte att tillgodose ett allmänt informationsintresse och, beträffande arkiv och bibliotek som avses i 16 § tredje stycket, genom ett tekniskt hjälpmedel avsett för enstaka besökare i syfte att tillgängliggöra verk som ingår i de egna samlingarna. Framförandet får ske endast i riksdagens eller myndigheternas egna lokaler.

Första stycket 2 ger inte rätt att i förvärvssyfte framföra sammanställningar vid undervisning. *Lag (2013:691).*

Citat

22 § Var och en får citera ur offentliggjorda verk i överensstämmelse med god sed och i den omfattning som motiveras av ändamålet. *Lag (1993:1007).*

22 a § Har upphävts genom *lag (1993:1007).*

22 b § Har upphävts genom *lag (1993:1007).*

22 c § Har upphävts genom *lag (1993:1007).*

22 d § Har upphävts genom *lag (1993:1007).*

Återgivning av konstverk och byggnader

23 § Offentliggjorda konstverk får återges

1. i anslutning till texten i en vetenskaplig framställning som inte framställts i förvärvssyfte,
2. i anslutning till texten i en kritisk framställning, dock inte i digital form och
3. i en tidning eller tidskrift i samband med en redogörelse för en dagshändelse, dock inte om verket har skapats för att återges i en sådan publikation.

Första stycket gäller endast om återgivningen sker i överensstämmelse med god sed och i den omfattning som motiveras av ändamålet. *Lag (2005:359).*

24 § Konstverk får avbildas

1. om de stadigvarande är placerade på eller vid allmän plats utomhus,
2. om syftet är att annonsera en utställning eller försäljning av konstverken, men endast i den utsträckning som behövs för att

främja utställningen eller försäljningen, eller
3. om de ingår i en samling, i kataloger, dock inte i digital form.

Byggnader får fritt avbildas. *Lag (2005:359).*

24 a § Har upphävts genom *lag (1993:1007).*

Information om dagshändelser genom ljudradio och television m.m.

25 § Verk som syns eller hörs under en dagshändelse får återges vid information om dagshändelsen genom ljudradio, television, direkt överföring eller film. Verken får dock återges endast i den omfattning som motiveras av informationssyftet. *Lag (1993:1007).*

25 a § Verk som syns eller hörs i en televisionsutsändning får återges när ett televisionsföretag med stöd av 48 a § återger ett utdrag ur utsändningen. *Lag (2010:697).*

Offentliga debatter, allmänna handlingar m.m.

26 § Var och en får återge vad som muntligen eller skriftligen anförs
1. inför myndigheter,
2. i statliga eller kommunala representationer,
3. vid offentliga debatter om allmänna angelägenheter eller
4. vid offentliga utfrågningar om sådana angelägenheter.

Första stycket 1 och 2 gäller dock inte uppgifter för vilka sekretess gäller enligt 31 kap. 23 § offentlighets- och sekretesslagen (2009:400).

Vid tillämpning av första stycket gäller
1. att skrifter vilka åberopas som bevis, utlåtanden och liknande får återges endast i samband med en redogörelse för det mål eller ärende i vilket de förekommit och endast i den omfattning som motiveras av ändamålet med redogörelsen,
2. att en upphovsman har ensamrätt att ge ut samlingar av sina anföranden och
3. att det som anförs vid sådana utfrågningar som avses i första stycket 4 inte får återges i ljudradio eller television med stöd av den bestämmelsen. *Lag (2009:406).*

26 a § Var och en får återge verk, vilka ingår i de handlingar som avses i 9 § första stycket och är av de slag som anges i 9 § andra stycket 2-4. Detta gäller dock inte ett sådant verk som avses i 9 § tredje stycket. Upphovsmannen har rätt till ersättning, utom när återgivningen sker i samband med
1. en myndighets verksamhet eller
2. en redogörelse för ett mål eller ärende i vilket verket förekommit och verket återges endast i den omfattning som motiveras av ändamålet med redogörelsen.

Var och en får återge handlingar som är upprättade hos svenska myndigheter men inte är sådana som avses i 9 § första stycket.

Andra stycket gäller inte beträffande
1. kartor,
2. tekniska förebilder,
3. datorprogram,
4. verk som skapats för undervisning,
5. verk som är resultatet av vetenskaplig forskning,
6. alster av bildkonst,
7. musikaliska verk,

8. diktverk eller

9. verk av vilka exemplar genom en myndighets försorg tillhandahålls allmänheten i samband med affärsverksamhet. *Lag (2000:92).*

26 b § Allmänna handlingar skall oavsett upphovsrätten tillhandahållas enligt 2 kap. tryckfrihetsförordningen.

Upphovsrätten hindrar inte att ett verk används i rättsvårdens eller den allmänna säkerhetens intresse. *Lag (1997:790).*

Ändringar av byggnader och bruksföremål

26 c § Ägaren till en byggnad eller ett bruksföremål får ändra egendomen utan upphovsmannens samtycke. *Lag (1993:1007).*

Särskilda bestämmelser om ljudradio och television

26 d § Ny beteckning 42 e § genom *lag (2005:359).*

26 e § Ett radio- eller televisionsföretag som har rätt att sända ut ett verk får ta upp verket på en anordning genom vilken det kan återges, om det görs

1. för användning vid egna utsändningar ett fåtal gånger under begränsad tid,

2. för att säkerställa bevisning om utsändningens innehåll, eller

3. för att en statlig myndighet ska kunna utöva tillsyn över utsändningsverksamheten.

Upptagningar som avses i första stycket 2 och 3 får användas endast för de ändamål som anges där. Om sådana upptagningar har dokumentariskt värde, får de dock bevaras hos Kungl. biblioteket.

En statlig myndighet som har till uppgift att utöva tillsyn över reklamen i ljudradio- och televisionsutsändningar får återge utsändningar i den omfattning som motiveras av ändamålet med tillsynen. *Lag (2008:1416).*

26 f § Ny beteckning 42 f § genom *lag (2005:359).*

Särskilda bestämmelser om datorprogram m.m.

26 g § Den som har förvärvat rätt att använda ett datorprogram får framställa sådana exemplar av programmet och göra sådana ändringar i programmet som är nödvändiga för att han skall kunna använda programmet för dess avsedda ändamål. Detta gäller även rättelse av fel.

Den som har rätt att använda ett datorprogram får framställa säkerhetsexemplar av programmet, om detta är nödvändigt för den avsedda användningen av programmet.

Exemplar som framställs med stöd av första eller andra stycket får inte utnyttjas för andra ändamål och får inte heller användas när rätten att utnyttja programmet har upphört.

Den som har rätt att använda ett datorprogram får iaktta, undersöka eller prova programmets funktion för att fastställa de idéer och principer som ligger bakom programmets olika detaljer. Detta gäller under förutsättning att det sker vid sådan laddning, visning på skärm, körning, överföring eller lagring av programmet som han har rätt att utföra.

Den som har rätt att använda en sammanställning får förfoga över den på det sätt som är nödvändigt för att han skall kunna använda sammanställningen för dess avsedda ändamål.

Avtalsvillkor som inskränker användarens rätt enligt andra, fjärde eller femte stycket är ogiltiga. *Lag (1997:790).*

26 h § Återgivning av ett datorprograms kod eller översättning av kodens form är tillåten om åtgärderna krävs för att få den information som är nödvändig för att uppnå samverkansförmåga mellan programmet och ett annat program. Detta gäller dock endast under förutsättning att följande villkor är uppfyllda:
1. åtgärderna utförs av en person som har rätt att använda programmet eller för hans räkning av en person som har fått rätt att utföra åtgärderna,
2. den information som är nödvändig för att uppnå samverkansförmåga har inte tidigare varit lätt åtkomlig för de i 1 angivna personerna och
3. åtgärderna är begränsade till de delar av originalprogrammet som är nödvändiga för att uppnå den avsedda samverkansförmågan.

Första stycket innebär inte att informationen får
1. användas för andra ändamål än att uppnå den avsedda samverkansförmågan,
2. överlämnas till andra personer, utom när detta är nödvändigt för att uppnå den avsedda samverkansförmågan,
3. användas för utveckling, tillverkning eller marknadsföring av ett datorprogram som i förhållande till det skyddade programmet har en väsentligen likartad uttrycksform eller
4. användas för andra åtgärder som utgör intrång i upphovsrätten.

Avtalsvillkor som inskränker användarens rätt enligt denna paragraf är ogiltiga. *Lag (1993:1007).*

26 i § Ny beteckning 42 a § genom *lag (2005:359).*

2 a kap. Rätt till särskild ersättning

26 j § Har upphävts genom *lag (2007:521).*

Ersättning vid tillverkning och införsel av anordningar för ljud- eller bildupptagning

26 k § När en näringsidkare i sin yrkesmässiga verksamhet tillverkar eller till landet inför anordningar på vilka ljud eller rörliga bilder kan tas upp och som är särskilt ägnade för framställning av exemplar av verk för privat bruk, har upphovsmän till skyddade verk som därefter har sänts ut i ljudradio eller television eller som har getts ut på anordningar genom vilka de kan återges rätt till ersättning av näringsidkaren.

Upphovsmännen har dock inte rätt till ersättning, om de tillverkade eller införda anordningarna skall

1. användas till annat än framställning av exemplar av verk för privat bruk,
2. föras ut ur landet eller
3. användas till framställning av exemplar av verk till personer med funktionshinder. *Lag (2005:359).*

26 l § Ersättningen enligt 26 k § är

1. för en anordning för analog upptagning: två och ett halvt öre för varje möjlig upptagningsminut,
2. för anordningar där digital upptagning kan ske upprepade gånger: 0,4 öre per megabyte lagringsutrymme,
3. för andra anordningar där digital upptagning kan ske: 0,25 öre per megabyte lagringsutrymme.

Näringsidkaren har rätt till nedsättning av ersättningsbeloppen enligt första stycket, om

1. upphovsmännen på annat sätt kompenseras för framställning av exemplar av sådana verk som avses i 26 k §, eller

2. ersättningen med hänsyn till omständigheter hänförliga till en anordning eller i övrigt förhållandena på marknaden är oskäligt hög. *Lag (2005:359).*

26 m § Endast en organisation som företräder ett flertal ersättningsberättigade upphovsmän och innehavare av närstående rättigheter på området har rätt att kräva in och träffa avtal om att sätta ned ersättning enligt 26 k och 26 l §§. Organisationen ska kräva in ersättningen och fördela den mellan de ersättningsberättigade, efter avdrag för skälig ersättning till organisationen för dess omkostnader. Vid fördelningen ska rättighetshavare som inte företräds av organisationen vara likställda med rättighetshavare som organisationen företräder.

Näringsidkare som avses i 26 k § första stycket ska anmäla sig hos en sådan organisation som avses i första stycket. Näringsidkaren ska på begäran av organisationen redovisa det antal anordningar som omfattas av rätt till ersättning, anordningarnas upptagningstid eller lagringskapacitet, om anordningarna kan användas för digital upptagning upprepade gånger och när anordningarna tillverkades eller infördes. Av redovisningen ska framgå antalet anordningar enligt 26 k § andra stycket. *Lag (2013:691).*

Ersättning vid vidareförsäljning av originalkonstverk (följerätt)

26 n § Om ett exemplar av ett originalkonstverk som har överlåtits säljs vidare inom upphovsrättens giltighetstid har upphovsmannen rätt till ersättning (följerätt) om någon som är yrkesmässigt verksam på konstmarknaden är säljare, förmedlare eller köpare vid försäljningen. Med originalkonstverk avses

1. konstverk som har utförts av konstnären själv, eller
2. exemplar av konstverk som har framställts i ett begränsat antal av konstnären själv eller med hans eller hennes tillstånd.

Upphovsmannen har inte rätt till ersättning om
1. försäljningspriset exklusive mervärdesskatt inte överstiger en tjugondel av prisbasbeloppet enligt 2 kap. 6 och 7 §§ socialförsäkringsbalken,
2. försäljningen avser ett alster av byggnadskonst, eller
3. försäljningen sker från en privatperson till ett museum som är öppet för allmänheten och som bedriver verksamhet utan vinstsyfte, om försäljningen skett utan att en förmedlare som är yrkesmässigt verksam på konstmarknaden medverkat.

Om endast en person som är yrkesmässigt verksam på konstmarknaden som säljare, förmedlare eller köpare deltar vid försäljningen, ska ersättningen betalas av denne. Har fler än en sådan person deltagit vid försäljningen ska ersättningen betalas av säljaren. Om säljaren inte är yrkesmässigt verksam på konstmarknaden ska ersättningen i stället betalas av förmedlaren. *Lag (2010:1206).*

26 o § Ersättningen enligt 26 n § skall beräknas på försäljningspriset exklusive mervärdesskatt och tas ut med
1. fem procent av den del av försäljningspriset som inte överstiger 50 000 euro,
2. tre procent av den del av försäljningspriset som ligger mellan 50 000,01 och 200 000 euro,
3. en procent av den del av försäljningspriset som ligger mellan 200 000,01 och 350 000 euro,
4. en halv procent av den del av försäljningspriset som ligger mellan 350 000,01 och 500 000 euro,
5. 0,25 procent av den del av försäljningspriset som överstiger 500 000 euro.

Ersättning enligt första stycket får tas ut med högst 12 500 euro.

Vid fastställande av vad som skall betalas i följerättsersättning skall omräkning av de belopp som anges i första och andra styckena från euro till svenska kronor ske enligt den växelkurs som Europeiska centralbanken har fastställt för den dag då försäljningen äger rum, eller, om försäljningen inte sker på en svensk bankdag, den växelkurs som fastställts för närmast föregående svenska bankdag.

Rätten till ersättning är personlig och får inte överlåtas eller efterges. Efter upphovsmannens död är, trots 10 kap. 3 § första stycket äktenskapsbalken, föreskrifterna om bodelning, arv och testamente tillämpliga på rätten. *Lag (2007:521).*

26 p § Endast en organisation som företräder ett flertal upphovsmän till i Sverige använda verk på området har rätt att kräva in ersättningen. Organisationen ska kräva in ersättningen och betala beloppet till den ersättningsberättigade, efter avdrag för skälig ersättning till organisationen för dess omkostnader. Om organisationen inte kräver den ersättningsskyldige på ersättningen inom tre år efter utgången av det kalenderår då försäljningen ägde rum, är fordringen preskriberad.

Den som är ersättningsskyldig ska på begäran av organisationen redovisa de ersättningsgrundande försäljningar som gjorts under de tre närmast föregående kalenderåren.

Den ersättningsberättigades fordran på organisationen preskriberas tio år efter tillkomsten, dock endast om organisationen har vidtagit rimliga åtgärder för att finna den ersättningsberättigade. *Lag (2013:691).*

3 Kap. Upphovsrättens övergång

Allmänna bestämmelser om överlåtelse

27 § Upphovsrätt må, med den begränsning som följer av vad i 3 § sägs, helt eller delvis överlåtas. Överlåtelse av exemplar innefattar icke överlåtelse av upphovsrätt. I fråga om b eställd porträttbild äger upphovsmannen dock icke utöva sin rätt utan tillstånd av beställaren eller, efter dennes död, av hans efterlevande make och arvingar.

Beträffande överlåtelse av upphovsrätt i vissa särskilda avseenden föreskrivs i 30--40 §§. Dessa bestämmelser tillämpas dock endast i den mån ej annat avtalats. *Lag (1992:1687).*

28 § Om ej annat avtalats, äger den till vilken upphovsrätt överlåtits icke ändra verket samt ej heller överlåta rätten vidare. Ingår rätten i en rörelse, må den överlåtas i samband med överlåtelse av rörelsen eller del därav; överlåtaren svarar dock alltjämt för avtalets fullgörande.

29 § Om en upphovsman till en framställare av ljudupptagningar eller upptagningar av rörliga bilder överlåter sin rätt att genom uthyrning av sådana upptagningar göra ett verk tillgängligt för allmänheten, har upphovsmannen rätt till skälig ersättning.

Avtalsvillkor som inskränker denna rätt är ogiltiga. *Lag (1997:309).*

Avtal om offentligt framförande m.m.

30 § Överlåts rätt att överföra ett verk till allmänheten eller att framföra det offentligt, skall överlåtelsen gälla för en tid av tre år och inte medföra ensamrätt. Har längre giltighetstid än tre år bestämts och är ensamrätt avtalad, får upphovsmannen ändå

själv överföra eller framföra verket eller överlåta sådan rätt åt annan, om rätten under en tid av tre år inte tagits i bruk.

Bestämmelserna i denna paragraf gäller inte filmverk. *Lag (2005:359).*

Förlagsavtal

31 § Genom förlagsavtal överlåter upphovsmannen till förläggare rätt att genom tryck eller liknande förfarande mångfaldiga och utgiva litterärt eller konstnärligt verk.

Manuskript eller annat exemplar av verket, efter vilket detta skall återgivas, förblir i upphovsmannens ägo.

32 § Förläggaren har rätt att utgiva en upplaga, vilken ej må överstiga av litterärt verk 2 000, av musikaliskt verk 1 000 och av konstverk 200 exemplar.

Med upplaga förstås vad förläggaren på en gång låter framställa.

33 § Förläggaren är pliktig att utgiva verket inom skälig tid, på sedvanligt sätt sörja för dess spridning samt fullfölja utgivningen i den omfattning som betingas av möjligheterna till avsättning och övriga omständigheter. Försummas det, äger upphovsmannen häva avtalet och därvid behålla uppburet honorar. Har upphovsmannen lidit skada, som ej täckes därav, skall den ock ersättas.

34 § Om verket icke är utgivet inom två år eller, såvitt angår musikaliskt verk, inom fyra år från det upphovsmannen avlämnat fullständigt manuskript eller annat exemplar som skall mångfaldigas, äger upphovsmannen, ändå att försummelse ej ligger

förläggaren till last, häva avtalet och därvid behålla uppburet honorar. Samma lag vare, om verket är utgånget och förläggaren har rätt att utgiva ny upplaga men icke inom ett år efter det upphovsmannen hos honom begärt sådan utgivning utnyttjar sin rätt.

35 § Förläggaren är skyldig att tillställa upphovsmannen intyg från tryckeriet eller den som eljest mångfaldigar verket om antalet framställda exemplar.

Har under räkenskapsår skett försäljning för vilken upphovsmannen har rätt till honorar, skall förläggaren inom nio månader efter årets slut tillställa honom redovisning, angivande försäljningen under året samt restupplagan vid årsskiftet. Även eljest äger upphovsmannen efter redovisningsfristens utgång på begäran erhålla uppgift om restupplagan vid årsskiftet.

36 § Påbörjas framställning av ny upplaga senare än ett år efter det föregående upplaga utgavs, skall upphovsmannen före framställningen erhålla tillfälle att göra sådana ändringar i verket, som kunna vidtagas utan oskälig kostnad och icke ändra verkets karaktär.

37 § Upphovsmannen har icke rätt att på nytt utgiva verket i den form och på det sätt som avses i avtalet, förrän den eller de upplagor som förläggaren äger utgiva blivit slutsålda.

Litterärt verk må dock sedan femton år förflutit efter det år, då utgivningen påbörjades, av upphovsmannen intagas i upplaga av hans samlade eller valda arbeten.

38 § Bestämmelserna om förlagsavtal äga icke tillämpning på bi-

drag till tidning eller tidskrift. För bidrag till annat samlingsverk gälla icke 33 och 34 §§.

Avtal om filmning

39 § Överlåtelse av rätt till inspelning av litterärt eller konstnärligt verk på film omfattar rätt att genom filmen på biograf, i television eller annorledes göra verket tillgängligt för allmänheten samt att i filmen återgiva talade inslag i text eller översätta dem till annat språk. Vad sålunda stadgats gäller icke musikaliskt verk. *Lag (1973:363).*

40 § Överlåtes rätt att utnyttja ett litterärt eller musikaliskt verk för film, som är avsedd för offentlig visning, är förvärvaren pliktig att inom skälig tid inspela filmverket och sörja för att det göres tillgängligt för allmänheten. Försummas det, äger upphovsmannen häva avtalet och därvid behålla uppburet honorar. Har upphovsmannen lidit skada, som ej täckes därav, skall den ock ersättas.

Om filmverket icke är inspelat inom fem år från det upphovsmannen fullgjort vad på honom ankommer, äger upphovsmannen, ändå att försummelse ej ligger förvärvaren till last, häva avtalet och därvid behålla uppburet honorar.

Datorprogram skapade i anställningsförhållanden

40 a § Upphovsrätten till ett datorprogram, som skapas av en arbetstagare som ett led i hans arbetsuppgifter eller efter instruktioner av arbetsgivaren, övergår till arbetsgivaren, såvida inte något an nat har avtalats. *Lag (1992:1687).*

Upphovsrättens övergång vid upphovsmannens död, m.m.

41 § Efter upphovsmannens död är, utan hinder av 10 kap. 3 § första stycket äktenskapsbalken, föreskrifterna om bodelning,

arv och testamente tillämpliga på upphovsrätten. Avträds boet till förvaltning av boutredningsman, får denne inte utan dödsbodelägarnas samtycke utnyttja verket på annat sätt än som förut har skett.

Upphovsmannen äger genom testamente, med bindande verkan även för efterlevande make och bröstarvingar, giva föreskrifter om rättens utövande eller bemyndiga annan att meddela dylika föreskrifter. *Lag (1987:800).*

42 § Upphovsrätt må ej tagas i mät hos upphovsmannen själv eller hos någon, till vilken rätten övergått på grund av bodelning, arv eller testamente. Samma lag vare beträffande manuskript, så ock i fråga om exemplar av sådant konstverk som ej blivit utställt, utbjudet till salu eller eljest godkänt för offentliggörande. *Lag (1987:800).*

3 a kap. Avtalslicenser

Gemensamma bestämmelser om avtalslicenser

42 a § En avtalslicens som avses i 42 b–42 h §§ gäller för utnyttjande av verk på visst sätt, när ett avtal har ingåtts om utnyttjande av verk på sådant sätt med en organisation som företräder ett flertal upphovsmän till i Sverige använda verk på området. Avtalslicensen ger användaren rätt att utnyttja verk av det slag som avses med avtalet trots att verkens upphovsmän inte företräds av organisationen. För att ett verk ska få utnyttjas med stöd av 42 c § krävs att avtalet med organisationen har ingåtts av någon som bedriver undervisningsverksamhet i organiserade former.

De villkor i fråga om rätten att utnyttja verket som följer av avtalet gäller. Upphovsmannen ska i fråga om ersättning som lämnas enligt avtalet och förmåner från organisationen vilka väsentligen bekostas genom ersättningen vara likställd med de upphovsmän som organisationen företräder. Upphovsmannen har dock oavsett detta alltid rätt till ersättning som hänför sig till utnyttjandet, om han eller hon begär det inom tre år efter det år då verket utnyttjades. Krav på ersättning får riktas endast mot organisationen.

Gentemot den som använder ett verk med stöd av 42 f § får krav på ersättning göras gällande endast av de avtalsslutande organisationerna. Kraven ska framställas samtidigt. *Lag (2013:691).*

Avtalslicens för myndigheter, företag och organisationer m.fl.

42 b § Riksdagen, beslutande kommunala församlingar, statliga och kommunala myndigheter samt företag och organisationer får för att tillgodose behovet av information inom sin verksamhet framställa exemplar av samt överföra och framföra offentliggjorda litterära verk och konstverk, om avtalslicens gäller enligt 42 a §.

Första stycket gäller inte, om upphovsmannen hos någon av de avtalsslutande parterna har meddelat förbud mot exemplarframställningen, överföringen eller framförandet. *Lag (2013:691).*

Avtalslicens för undervisningsverksamhet

42 c § För undervisningsändamål får exemplar framställas av offentliggjorda verk, om avtalslicens gäller enligt 42 a §. Exemplaren får användas endast i undervisningsverksamhet som omfattas av det avtal som förutsätts för uppkomsten av avtalslicensen.

Första stycket gäller inte, om upphovsmannen hos någon av de avtalsslutande parterna har meddelat förbud mot exemplarframställningen. *Lag (2005:359).*

Avtalslicens för vissa arkiv och bibliotek

42 d § De arkiv och bibliotek som avses i 16 § tredje och fjärde styckena får framställa exemplar av verk som ingår i de egna samlingarna och tillgängliggöra offentliggjorda sådana verk för allmänheten, om avtalslicens gäller enligt 42 a §.

Första stycket gäller inte, om upphovsmannen hos någon av de avtalsslutande parterna har meddelat förbud mot exemplarframställningen eller tillgängliggörandet, eller om det av andra skäl finns särskild anledning att anta att upphovsmannen motsätter sig förfogandet. *Lag (2013:691).*

Avtalslicenser för radio och tv

42 e § Ett radio- eller tv-företag får sända ut offentliggjorda litterära och musikaliska verk samt offentliggjorda konstverk, om avtalslicens gäller enligt 42 a §. Om verket ingår i ett radio- eller tv-program som företaget sänder ut, får företaget också överföra verket till allmänheten på ett sådant sätt att enskilda kan få tillgång till det från en plats och vid en tidpunkt som de själva väljer. Företaget får även framställa sådana exemplar som är nödvändiga för överföringen.

Första stycket gäller inte sceniska verk och inte heller andra verk, om upphovsmannen hos någon av de avtalsslutande parterna har meddelat förbud mot utsändningen eller överföringen, eller om det av andra skäl finns särskild anledning att anta att upphovsmannen motsätter sig förfogandet. Första stycket gäller inte sådan vidaresändning som avses i 42 f §.

Vid utsändning över satellit gäller avtalslicensen endast om sändarföretaget samtidigt verkställer utsändning genom en marksändare. *Lag (2013:691).*

42 f § Var och en har rätt att till allmänheten trådlöst eller genom kabel samtidigt och oförändrat återutsända (vidaresända) verk som ingår i en trådlös ljudradio- eller televisionsutsändning, om avtalslicens gäller enligt 42 a §.

Första stycket gäller inte verk till vilka rättigheterna till vidaresändning innehas av det radio- eller televisionsföretag som sänder ut den ursprungliga sändningen. *Lag (2005:359).*

42 g § Ett radio- eller televisionsföretag får, om avtalslicens gäller enligt 42 a §, överföra offentliggjorda verk till allmänheten, om verken ingår i egna eller av företaget beställda produktioner som har sänts ut före den 1 juli 2005. Företaget får också framställa sådana exemplar av verken som är nödvändiga för överföringen.

Första stycket gäller inte om upphovsmannen hos någon av de avtalsslutande parterna har meddelat förbud mot överföringen eller exemplarframställningen, eller om det av andra skäl finns särskild anledning att anta att upphovsmannen motsätter sig förfogandet. *Lag (2011:94).*

Generell avtalslicens

42 h § Var och en får inom ett avgränsat användningsområde framställa exemplar av verk eller tillgängliggöra offentliggjorda verk för allmänheten också i andra fall än de som anges i 42 b–42 g §§, om avtalslicens gäller enligt 42 a § och det är en förutsättning för utnyttjandet att användaren genom avtalet med organisationen ges rätt att utnyttja verk av det slag som avses med avtalet trots att verkens upphovsmän inte företräds av organisationen.

Första stycket gäller inte, om upphovsmannen hos någon av de avtalsslutande parterna har meddelat förbud mot exemplarframställningen eller tillgängliggörandet, eller om det av andra skäl finns särskild anledning att anta att upphovsmannen motsätter sig förfogandet. *Lag (2013:691).*

4 Kap. Upphovsrättens giltighet

43 § Upphovsrätt till ett verk gäller till utgången av sjuttionde året efter det år då upphovsmannen avled eller, i fråga om verk som avses i 6 §, efter den sist avlidne upphovsmannens dödsår.

I stället för det som anges i första stycket gäller upphovsrätt till
1. ett filmverk, till utgången av sjuttionde året efter dödsåret för den sist avlidne av huvudregissören, manusförfattaren, dialogförfattaren och kompositören av musik som har skapats speciellt för verket, och
2. ett musikaliskt verk med text, till utgången av sjuttionde året efter dödsåret för den sist avlidne av kompositören och textförfattaren, om musik och text har skapats speciellt för verket. *Lag (2013:691).*

44 § För verk som har offentliggjorts utan att upphovsmannen har blivit angiven med sitt namn eller med sin allmänt kända pseudonym eller signatur gäller upphovsrätten intill utgången av sjuttionde året efter det år då verket offentliggjordes. Om verket består av två eller flera delar, räknas tiden för varje del för sig.

Om upphovsmannen inom den tid som anges i första stycket avslöjar sin identitet, gäller bestämmelserna i 43 §.

För verk som inte har offentliggjorts och vars upphovsman inte är känd gäller upphovsrätten intill utgången av sjuttionde året efter det år då verket skapades.

44 a § Om ett verk inte har getts ut inom den tid som avses i 43 eller 44 §, har den som därefter för första gången ger ut eller offentliggör verket sådan rätt till verket som svarar mot de ekonomiska rättigheter som innefattas i upphovsrätten. Rätten gäller intill utgången av tjugofemte året efter det år då verket gavs ut eller offentliggjordes. *Lag (1995:1273).*

5 Kap. Vissa upphovsrätten närstående rättigheter

Utövande konstnärer

45 § En utövande konstnär har, med de inskränkningar som föreskrivs i denna lag, en uteslutande rätt att förfoga över sitt framförande av ett litterärt eller konstnärligt verk eller ett uttryck av folklore genom att
1. ta upp framförandet på en grammofonskiva, en film eller en annan anordning, genom vilken det kan återges,
2. framställa exemplar av en upptagning av framförandet, och
3. göra framförandet eller en upptagning av det tillgängligt för allmänheten.

De rättigheter som avses i första stycket 2 och 3 gäller till utgången av femtionde året efter det år då framförandet gjordes. Om upptagningen har getts ut eller offentliggjorts inom femtio år från framförandet, gäller rättigheterna i stället till utgången av det femtionde eller, för ljudupptagningar, sjuttionde året efter det år då upptagningen först gavs ut eller offentliggjordes.

Bestämmelserna i 2 § andra–fjärde styckena, 3, 6–9, 11–12, 16, 17, 21, 22, 25–26 b, 26 e, 26 k–26 m och 27–29 §§, 39 § första meningen samt i 41–42 h §§ ska tillämpas i fråga om framföranden som avses i denna paragraf.

När ett exemplar av en upptagning enligt denna paragraf med den utövande konstnärens samtycke har överlåtits inom Europeiska ekonomiska samarbetsområdet får exemplaret spridas vidare.

Fjärde stycket ger inte rätt att tillhandahålla allmänheten
1. exemplar av en upptagning genom uthyrning eller andra jämförliga rättshandlingar, eller
2. exemplar av en film eller annan anordning på vilken rörliga bilder tagits upp genom utlåning. *Lag (2013:691).*

45 a § Om en utövande konstnär som har rätt till en ljudupptagning enligt 45 § har överlåtit denna rätt till en framställare av ljudupptagningar mot en engångsersättning, har konstnären rätt till särskild ersättning av framställaren (tilläggsersättning) för varje år som följer på det femtionde året efter det år då upptagningen först gavs ut eller, om den inte har getts ut, det år då den först offentliggjordes. Om två eller flera konstnärer som har rätt till tilläggsersättning samverkat vid framförandet, tillkommer ersättningen dem gemensamt.

Tilläggsersättningen ska uppgå till tjugo procent av de intäkter som framställaren haft till följd av rätten att utnyttja upptagningen. Framställarens intäkter från uthyrning av upptagningen eller ersättning till framställaren med stöd av 26 k eller 47 § ska dock inte tas med vid beräkningen.

Ett avtalsvillkor som inskränker konstnärens rätt enligt denna paragraf är ogiltigt. *Lag (2013:691).*

45 b § Endast en organisation som företräder ett flertal ersättningsberättigade utövande konstnärer på området får kräva in tilläggsersättning enligt 45 a §. Organisationen ska kräva in ersättningen och fördela den mellan de ersättningsberättigade, efter avdrag för skälig ersättning till organisationen för dess omkostnader. Vid fördelningen ska konstnärer som inte företräds av organisationen vara likställda med konstnärer som organisationen företräder.

Framställaren ska på begäran av organisationen lämna det underlag som krävs för att ersättningen ska kunna beräknas. *Lag (2013:691).*

45 c § Om en utövande konstnär som har rätt till en ljudupptagning enligt 45 § har överlåtit denna rätt till en framställare av ljudupptagningar mot återkommande betalning, har konstnären, efter det femtionde året efter det år då upptagningen först gavs ut eller, om den inte har getts ut, det år då den först offentliggjordes, rätt till betalning utan avräkning för förskott eller avräkning på någon annan grund. Avräkning får dock ske om konstnären uttryckligen godkänt det. *Lag (2013:691).*

45 d § Om en utövande konstnär som har rätt till en ljudupptagning enligt 45 § har överlåtit denna rätt till en framställare av ljudupptagningar, har konstnären, efter det femtionde året efter

det år då upptagningen först gavs ut eller, om den inte har getts ut, det år då den först offentliggjordes, rätt att häva avtalet om
1. framställaren inte bjuder ut upptagningen till försäljning i tillräckligt antal exemplar och överför den till allmänheten på ett sådant sätt att enskilda kan få tillgång till den från en plats och vid en tidpunkt som de själva väljer, och
2. konstnären har uppmanat framställaren att göra upptagningen tillgänglig för allmänheten på de sätt som anges i 1 och framställaren inte inom ett år från uppmaningen gör detta.

Om två eller flera konstnärer har samverkat vid framförandet och överlåtit sina rättigheter till upptagningen till framställaren, kan de endast gemensamt lämna uppmaning och hävningsförklaring.

Om avtalet hävs, har konstnären rätt att behålla mottagen ersättning.

Ett avtalsvillkor som inskränker konstnärens rätt enligt denna paragraf är ogiltigt. *Lag (2013:691).*

Framställare av ljud- eller bildupptagningar

46 § En framställare av upptagningar av ljud eller rörliga bilder har, med de inskränkningar som föreskrivs i denna lag, en uteslutande rätt att förfoga över sin upptagning genom att
1. framställa exemplar av upptagningen, och
2. göra upptagningen tillgänglig för allmänheten.

De rättigheter som avses i första stycket gäller till dess femtio år har förflutit efter det år då upptagningen gjordes. Om en ljudupptagning ges ut inom denna tid, gäller rättigheterna i stället till utgången av det sjuttionde året efter det år då ljudupptagningen första gången gavs ut. Om ljudupptagningen inte ges ut under nämnda tid men offentliggörs under samma tid, gäller rättigheterna i stället till utgången av det sjuttionde året efter det år då ljudupptagningen först offentliggjordes. Hävs ett avtal enligt 45 d §, gäller dock inte längre rättigheterna. Om en upptagning av rörliga bilder har getts ut eller offentliggjorts inom femtio år från upptagningen, gäller rättigheterna enligt första stycket till dess femtio år har förflutit efter det år då upptagningen av rörliga bilder först gavs ut eller offentliggjordes.

Bestämmelserna i 2 § andra–fjärde styckena, 6–9 §§, 11 § andra stycket, 11 a, 12, 16, 17, 21, 22, 25–26 b, 26 e, 26 k–26 m och 42 a–42 h §§ ska tilllämpas i fråga om upptagningar som avses i denna paragraf.

När ett exemplar av en upptagning enligt denna paragraf med framställarens samtycke har överlåtits inom Europeiska ekonomiska samarbetsområdet får exemplaret spridas vidare.

Fjärde stycket ger inte rätt att tillhandahålla allmänheten
1. exemplar av en upptagning genom uthyrning eller andra jämförliga rättshandlingar, eller
2. exemplar av en film eller annan anordning på vilken rörliga bilder tagits upp genom utlåning. *Lag (2013:691).*

Användning av ljudupptagningar för offentligt framförande m.m.

47 § Oavsett bestämmelserna i 45 § första stycket och 46 § första stycket får ljudupptagningar användas vid
1. ett offentligt framförande, eller
2. en överföring till allmänheten utom i fall då överföringen sker på ett sådant sätt att enskilda kan få tillgång till ljudupptagning-

arna från en plats och vid en tidpunkt som de själva väljer.

Vid användning som avses i första stycket har framställaren samt de utövande konstnärer vars framförande finns på upptagningen rätt till ersättning. Om två eller flera konstnärer har samverkat vid framförandet, kan den rätt som tillkommer dem göras gällande endast av dem gemensamt. Mot den som har använt anordningen ska konstnärer och framställare göra gällande sina krav samtidigt.

Används en ljudupptagning vid överföring i form av en trådlös ljudradio- eller televisionsutsändning som samtidigt och oförändrat återutsänds (vidaresänds) till allmänheten trådlöst eller genom kabel gäller följande. Gentemot den som vidaresänder får krav på ersättning göras gällande endast genom sådana organisationer som företräder ett flertal utövande konstnärer eller framställare vars framföranden eller upptagningar används i Sverige. Organisationerna ska framställa kraven samtidigt med de krav som avses i 42 a § tredje stycket.

Bestämmelsen i 11 § andra stycket ska tillämpas i de fall som avses i denna paragraf.

Denna paragraf gäller inte ljudfilm. *Lag (2013:691).*

Radio- och tv-företag

48 § Ett radio- eller tv-företag har, med de inskränkningar som föreskrivs i denna lag, en uteslutande rätt att förfoga över en ljudradio- eller televisionsutsändning genom att

1. ta upp utsändningen på en anordning genom vilken den kan återges,
2. framställa exemplar av en upptagning av utsändningen,

3. sprida exemplar av en upptagning av utsändningen till allmänheten,
4. tillåta återutsändning eller en återgivning för allmänheten på platser där allmänheten har tillträde mot inträdesavgift, eller
5. tillåta att en upptagning av utsändningen på trådbunden eller trådlös väg överförs till allmänheten på ett sådant sätt att enskilda kan få tillgång till upptagningen från en plats och vid en tidpunkt som de själva väljer.

De rättigheter som avses i första stycket 2, 3 och 5 gäller till utgången av femtionde året efter det år då utsändningen ägde rum.

Bestämmelserna i 2 § andra stycket, 6–9 §§, 11 § andra stycket, 11 a, 12, 16, 17, 21, 22, 25–26 b, 26 e, 42 a, 42 b, 42 d, 42 g och 42 h §§ ska tillämpas i fråga om ljudradio- och televisionsutsändningar som avses i denna paragraf.

När ett exemplar av en upptagning enligt denna paragraf med företagets samtycke har överlåtits inom Europeiska ekonomiska samarbetsområdet får exemplaret spridas vidare.

Om ett radio- eller tv-företag har krav på ersättning för en sådan vidaresändning som avses i 42 f § och som har skett med företagets samtycke, ska företaget framställa sitt krav samtidigt med de krav som avses i 42 a § tredje stycket. *Lag (2013:691).*

48 a § Om ett televisionsföretag ensamt har rätt att sända ut ett evenemang av stort allmänintresse får, trots 48 §, andra televisionsföretag som är etablerade i ett land som ingår i Europeiska ekonomiska samarbetsområdet återge utdrag ur televisionsutsändningen från evenemanget i sina televisionsutsändningar av allmänna nyhetsprogram. Televisionsföretaget får även återge utdraget när en upptagning av nyhetsprogrammet därefter överförs till allmänheten på ett sådant sätt att enskilda kan få tillgång till upptagningen från en plats och vid en tidpunkt som de själva väljer.

Utdraget får inte vara längre än vad som motiveras av informationssyftet. Det får inte heller återges längre tid efter evenemanget än vad som motiveras av nyhetsintresset.

Bestämmelserna i 11 § andra stycket ska tillämpas i de fall som avses i första stycket. *Lag (2010:697).*

Framställare av kataloger m.m.

49 § Den som har framställt en katalog, en tabell eller ett annat dylikt arbete i vilket ett stort antal uppgifter har sammanställts eller vilket är resultatet av en väsentlig investering har uteslutande rätt att framställa exemplar av arbetet och göra det tillgängligt för allmänheten.

Rätten enligt första stycket gäller till dess femton år har förflutit efter det år då arbetet framställdes. Om arbetet har gjorts tillgängligt för allmänheten inom femton år från framställningen, gäller dock rätten till dess femton år har förflutit efter det år då arbetet först gjordes tillgängligt för allmänheten.

Bestämmelserna i 2 § andra–fjärde styckena, 6–9 §§, 11 § andra stycket, 12 § första, andra och fjärde styckena, 14, 16–22, 25–26 b och 26 e §§, 26 g § femte och sjätte styckena samt i 42 a–42 h §§ ska tillämpas på arbeten som avses i denna paragraf. Är ett sådant arbete eller en del av det föremål för upphovsrätt, får denna rätt också göras gällande.

Ett avtalsvillkor som utvidgar framställarens rätt enligt första stycket till ett offentliggjort arbete är ogiltigt. *Lag (2013:691).*

Fotografer

49 a § Den som har framställt en fotografisk bild har uteslutande rätt att framställa exemplar av bilden och göra den tillgänglig för allmänheten. Rätten gäller oavsett om bilden används i ursprungligt eller ändrat skick och oavsett vilken teknik som utnyttjas.

Med fotografisk bild avses även en bild som har framställts genom ett förfarande som är jämförligt med fotografi.

Rätten enligt första stycket gäller till dess femtio år har förflutit efter det år då bilden framställdes.

Bestämmelserna i 2 § andra–fjärde styckena, 3, 7–9, 11 och 11 a §§, 12 § första och fjärde styckena, 16–21 och 23 §§, 24 § första stycket, 25–26 b, 26 e, 26 k–28, 31–38, 41–42 h och 50–52 §§ ska tillämpas på bilder som avses i denna paragraf. Är en sådan bild föremål för upphovsrätt, får denna rätt också göras gällande. *Lag (2013:691).*

6 Kap. Särskilda bestämmelser

50 § Litterärt eller konstnärligt verk må ej göras tillgängligt för allmänheten under sådan titel, pseudonym eller signatur, att verket eller dess upphovsman lätt kan förväxlas med förut offentliggjort verk eller dess upphovsman.

51 § Om litterärt eller konstnärligt verk återgives offentligt på ett sätt som kränker den andliga odlingens intressen, äger domstol på talan av myndighet som regeringen bestämmer vid vite meddela förbud mot återgivandet. Vad nu är sagt skall ej gälla återgivande som sker under upphovsmannens livstid. *Lag (1978:488).*

52 § I samband med utdömande av vite äger rätten efter vad som finnes skäligt föreskriva åtgärder för att förebygga missbruk av exemplar som avses med förbud enligt 51 §, så ock av föremål som kan användas endast för framställning därav. Sådan föreskrift må avse, att egendomen skall förstöras eller på visst sätt ändras.

Vad i denna paragraf stadgas gäller ej mot den som i god tro förvärvat egendomen eller särskild rätt därtill.

Egendom som avses i första stycket må i avbidan på föreskrift som där sägs tagas i beslag; därvid skall vad om beslag i brottmål i allmänhet är stadgat äga motsvarande tillämpning.

52 **a** § Om någon vill företa en vidaresändning genom kabel av verk som ingår i en trådlös ljudradio- eller televisionsutsändning och begär men inte på önskade villkor får avtal om detta hos en organisation som företräder svenska rättighetshavare eller hos ett radio- eller televisionsföretag som verkställer utsändningar inom Europeiska ekonomiska samarbetsområdet, har han på begäran rätt till förhandling med organisationen respektive företaget.

En förhandlingsskyldig part skall själv eller genom ombud inställa sig vid förhandlingssammanträde och, om det behövs, lägga fram ett motiverat förslag till lösning av den fråga som förhandlingen avser. Parterna kan gemensamt välja en annan form för förhandling än sammanträde.

Den som bryter mot bestämmelsen i andra stycket skall ersätta uppkommen skada. Vid bedömande av om och i vilken utsträckning skada har uppkommit för någon skall hänsyn tas även till dennes intresse av att bestämmelsen iakttas och till övriga omständigheter av annat än rent ekonomisk betydelse. *Lag (1995:447).*

6 a kap. Skydd för tekniska åtgärder m.m.

Inledande bestämmelser

52 b § I detta kapitel finns bestämmelser om skydd för tekniska åtgärder och elektronisk information om rättighetsförvaltning.

Med teknisk åtgärd avses i detta kapitel varje verkningsfull teknik, anordning eller komponent som har utformats för att vid normalt bruk hindra eller begränsa exemplarframställning eller tillgängliggörande för allmänheten av ett upphovsrättsligt skyddat verk utan samtycke från upphovsmannen eller dennes rättsinnehavare.

Med information om rättighetsförvaltning avses all information, även i form av nummer eller koder, som är kopplad till ett exemplar av ett upphovsrättsligt skyddat verk eller som framträder i samband med överföring till allmänheten av ett sådant verk och som syftar till att identifiera verket, upphovsmannen eller dennes rättsinnehavare eller till att upplysa om villkor för användning av verket. Informationen skall ha lämnats av upphovsmannen eller dennes rättsinnehavare. *Lag (2005:359).*

52 c § Bestämmelserna om skydd för tekniska åtgärder i detta kapitel är inte tillämpliga om verket är ett datorprogram. De är inte heller tillämpliga vid tillhandahållande av allmänna handlingar enligt 2 kap. tryckfrihetsförordningen, vid sådan användning i rättsvårdens eller den allmänna säkerhetens intresse som avses i 26 b § andra stycket, eller vid kryptografisk forskning.

I lagen (2000:171) om förbud beträffande viss avkodningsutrustning finns bestämmelser som avser att förhindra obehörig tillgång till vissa tjänster. Såvitt gäller tekniska åtgärder eller arrangemang som används i samband med sådana tjänster i form av ljudradio- eller televisionsutsändningar som avses i 2 § 1 i den lagen är bestämmelserna om skydd för tekniska åtgärder i detta kapitel inte tillämpliga. *Lag (2005:359).*

Skydd för tekniska åtgärder

52 d § Det är förbjudet att utan samtycke från upphovsmannen eller dennes rättsinnehavare kringgå en digital eller analog spärr som hindrar eller begränsar framställning av exemplar av ett upphovsrättsligt skyddat verk, kringgå en teknisk skyddsprocess, exempelvis en kryptering, som hindrar eller begränsar tillgängliggörande för allmänheten av ett upphovsrättsligt skyddat verk eller kringgå en annan teknisk åtgärd som hindrar eller begränsar sådant tillgängliggörande.

Första stycket gäller inte när någon som lovligen har tillgång till ett exemplar av ett upphovsrättsligt skyddat verk, kringgår en teknisk åtgärd för att kunna se eller lyssna på verket. *Lag (2005:359).*

52 e § Det är förbjudet att tillverka, importera, överföra, sprida genom att exempelvis sälja eller hyra ut, eller i förvärvssyfte inneha anordningar, produkter eller komponenter eller att tillhandahålla tjänster som

1. marknadsförs eller utannonseras i syfte att kringgå en teknisk åtgärd,
2. utöver att kringgå en teknisk åtgärd endast har ett begränsat intresse från förvärvssynpunkt eller ett begränsat förvärvsmässigt användningsområde, eller
3. huvudsakligen är utformade, konstruerade, anpassade eller framtagna i syfte att möjliggöra eller underlätta kringgående av en teknisk åtgärd. *Lag (2005:359).*

Rätt att i vissa fall använda verk som skyddas av tekniska åtgärder

52 f § Den som på grund av bestämmelserna i 16, 17, 26, 26 a eller 26 e § får utnyttja ett upphovsrättsligt skyddat verk har rätt att använda ett exemplar av ett verk som denne lovligen har tillgång till på sätt som anges i aktuell bestämmelse även om exemplaret skyddas av en teknisk åtgärd.

Om en teknisk åtgärd hindrar sådan användning, får en domstol på yrkande av en berättigad användare förelägga upphovsmannen eller dennes rättsinnehavare vid vite att möjliggöra för användaren att utnyttja verket på sätt som anges i aktuell bestämmelse.

Första och andra styckena gäller inte i fråga om verk som har gjorts tillgängliga för allmänheten i enlighet med överenskomna avtalsvillkor på ett sätt som gör att enskilda kan få tillgång till verket genom överföring från en plats och vid en tidpunkt som de själva har valt. *Lag (2005:359).*

Skydd för elektronisk information om rättighetsförvaltning.

52 g § Det är förbjudet att utan samtycke från upphovsmannen eller dennes rättsinnehavare

1. avlägsna eller ändra elektronisk information om rättighetsförvaltning som avser ett upphovsrättsligt skyddat verk,
2. förfoga över ett upphovsrättsligt skyddat verk eller ett exemplar av verket som ändrats i strid med 1 genom att sprida det, importera det i spridningssyfte eller överföra det till allmänheten.

Första stycket gäller endast om den åtgärd som vidtas orsakar, möjliggör, underlättar eller döljer ett intrång i en rättighet som skyddas enligt denna lag. *Lag (2005:359).*

Bestämmelsernas tillämplighet på närstående rättigheter

52 h § Vad som i detta kapitel föreskrivits beträffande verk skall också tillämpas på prestationer som skyddas enligt 45, 46 och 48 §§ samt sådana sammanställningar och fotografier som skyddas enligt 49 och 49 a §§. *Lag (2005:359).*

7 Kap. Ansvar och ersättningsskyldighet m.m.

53 § Den som beträffande ett litterärt eller konstnärligt verk vidtar åtgärder, som innebär intrång i den till verket enligt 1 och 2 kap. knutna upphovsrätten eller som strider mot föreskrift enligt 41 § andra stycket eller mot 50 §, döms, om det sker uppsåtligen eller av grov oaktsamhet, till böter eller fängelse i högst två år.

Den som för sitt enskilda bruk kopierar ett datorprogram som är utgivet eller av vilket exemplar har överlåtits med upphovsmannens samtycke, skall inte dömas till ansvar, om förlagan för kopieringen inte används i näringsverksamhet eller offentlig verksamhet och han eller hon inte utnyttjar framställda exemplar av datorprogrammet för annat ändamål än sitt enskilda bruk. Den som för sitt enskilda bruk framställer exemplar i digital form av en offentliggjord sammanställning i digital form skall under de förutsättningar som nyss nämnts inte dömas till ansvar.

Vad som sägs i första stycket gäller också, om någon till Sverige för spridning till allmänheten för in exemplar av verk, där exemplaret framställts utomlands under sådana omständigheter att en sådan framställning här skulle ha varit straffbar enligt vad som sägs i det stycket.

Den som har överträtt ett vitesförbud enligt 53 b § får inte dömas till ansvar för intrång som omfattas av förbudet.

För försök eller förberedelse till brott som avses i första och tredje styckena döms till ansvar enligt 23 kap. brottsbalken. *Lag (2005:360).*

53 a § Egendom med avseende på vilken brott föreligger enligt denna lag skall förklaras förverkad, om det inte är uppenbart oskäligt. I stället för egendomen får dess värde förklaras förverkat. Även utbyte av sådant brott skall förklaras förverkat, om det inte är uppenbart oskäligt. Detsamma gäller vad någon har tagit emot som ersättning för kostnader i samband med ett sådant brott, eller värdet av det mottagna, om mottagandet utgör brott enligt denna lag.

Egendom som har använts som hjälpmedel vid brott enligt denna lag får förklaras förverkad, om det behövs för att förebygga brott eller om det annars finns särskilda skäl. Detsamma gäller egendom som varit avsedd att användas som hjälpmedel vid ett sådant brott, om brottet har fullbordats eller om förfarandet har utgjort ett straffbart försök eller en straffbar förberedelse. I stället för egendomen får dess värde förklaras förverkat. *Lag (2005:360).*

53 b § På yrkande av upphovsmannen eller hans eller hennes rättsinnehavare eller av den som på grund av upplåtelse har rätt att utnyttja verket får domstolen vid vite förbjuda den som vidtar eller medverkar till en åtgärd som innebär intrång eller överträdelse som avses i 53 § att fortsätta med åtgärden.

Om käranden visar sannolika skäl för att en åtgärd som innebär intrång eller överträdelse som avses i 53 §, eller medverkan till åtgärden, förekommer och om det skäligen kan befaras att svaranden genom att fortsätta med åtgärden, eller medverkan till den, förringar värdet av den ensamrätt som upphovsrätten medför, får domstolen meddela vitesförbud för tiden intill dess att målet slutligt har avgjorts eller annat har beslutats. Innan ett sådant förbud meddelas ska svaranden ha fått tillfälle att yttra sig, om inte ett dröjsmål skulle medföra risk för skada.

Bestämmelserna i första och andra styckena tillämpas också i fråga om försök eller förberedelse till intrång eller överträdelse som avses i 53 §.

Förbud enligt andra stycket får meddelas endast om käranden ställer säkerhet hos domstolen för den skada som kan tillfogas svaranden. Saknar käranden förmåga att ställa sådan säkerhet, får domstolen befria honom eller henne från detta. I fråga om slaget av säkerheten gäller 2 kap. 25 § utsökningsbalken. Säkerheten ska prövas av domstolen, om den inte har godkänts av svaranden.

När målet avgörs ska domstolen pröva om förbud som har meddelats enligt andra stycket fortfarande ska bestå.

I fråga om överklagande av beslut enligt andra eller fjärde stycket samt i fråga om handläggningen i högre domstol gäller rättegångsbalkens bestämmelser om överklagande av beslut enligt 15 kap. rättegångsbalken.

Talan om utdömande av vite förs av den som har ansökt om förbudet och ska handläggas enligt reglerna i rättegångsbalken om åtal för brott för vilket svårare straff än böter inte är föreskrivet. I samband med sådan talan får talan föras om nytt vitesförbud. *Lag (2009:109).*

53 c § Om sökanden visar sannolika skäl för att någon har gjort ett intrång eller gjort sig skyldig till en överträdelse som avses i 53 §, får domstolen vid vite besluta att någon eller några av dem som anges i andra stycket ska ge sökanden information om ursprung och distributionsnät för de varor eller tjänster som intrånget eller överträdelsen gäller (informationsföreläggande). Ett sådant beslut får meddelas på yrkande av upphovsmannen eller upphovsmannens rättsinnehavare eller den som på grund av upplåtelse har rätt att utnyttja verket. Det får bara meddelas om informationen kan antas underlätta utredning av ett intrång eller en överträdelse som avser varorna eller tjänsterna.

Skyldigheten att lämna information omfattar den som
1. har gjort eller medverkat till intrånget eller gjort sig skyldig till eller medverkat till överträdelsen,
2. i kommersiell skala har förfogat över en vara som intrånget eller överträdelsen gäller,
3. i kommersiell skala har använt en tjänst som intrånget eller överträdelsen gäller,

4. i kommersiell skala har tillhandahållit en elektronisk kommunikationstjänst eller en annan tjänst som har använts vid intrånget eller överträdelsen, eller
5. har identifierats av någon som anges i 2–4 såsom delaktig i tillverkningen eller distributionen av en vara eller tillhandahållandet av en tjänst som intrånget eller överträdelsen gäller.

Information om varors eller tjänsters ursprung och distributionsnät kan särskilt avse
1. namn på och adress till producenter, distributörer, leverantörer och andra som har innehaft varorna eller tillhandahållit tjänsterna,
2. namn på och adress till avsedda grossister och detaljister, och
3. uppgifter om hur mycket som har producerats, levererats, mottagits eller beställts och om vilket pris som har bestämts för varorna eller tjänsterna.

Bestämmelserna i första–tredje styckena tillämpas också i fråga om försök eller förberedelse till intrång eller överträdelse som avses i 53 §. *Lag (2009:109).*

53 d § Ett informationsföreläggande får meddelas endast om skälen för åtgärden uppväger den olägenhet eller det men i övrigt som åtgärden innebär för den som drabbas av den eller för något annat motstående intresse.

Skyldigheten att lämna information enligt 53 c § omfattar inte uppgifter vars yppande skulle röja att uppgiftslämnaren eller någon honom eller henne närstående som avses i 36 kap. 3 § rättegångsbalken har begått en brottslig handling.

I personuppgiftslagen (1998:204) finns bestämmelser som begränsar hur mottagna personuppgifter får behandlas. *Lag (2009:109).*

53 e § Ett beslut om informationsföreläggande får meddelas av den domstol där rättegång om intrånget eller överträdelsen pågår. I övrigt gäller i fråga om behörig domstol det som föreskrivs i 58 § för där avsedda mål och i rättegångsbalken om tvistemål för andra fall som rör intrång eller överträdelse. Det som sägs i rättegångsbalken om inskränkning av domstols behörighet i fråga om tvist som ska tas upp i annan ordning än inför domstol ska dock inte tillämpas.

Om yrkandet om informationsföreläggande riktar sig mot den som är sökandens motpart i ett mål om intrång eller överträdelse, ska bestämmelserna om rättegång som gäller för det målet tillämpas. Beslut om informationsföreläggande får överklagas särskilt.

Om yrkandet om informationsföreläggande riktar sig mot någon annan än den som anges i andra stycket, ska lagen (1996:242) om domstolsärenden tillämpas. För prövning av frågan får det även hållas förhör enligt 37 kap. rättegångsbalken. Domstolen får bestämma att vardera parten ska svara för sina rättegångskostnader.

Talan om utdömande av vite får föras av den som har ansökt om föreläggandet och ska handläggas enligt reglerna i rättegångsbalken om åtal för brott för vilket svårare straff än böter inte är föreskrivet. I samband med en sådan talan får talan föras om nytt informationsföreläggande. *Lag (2009:109).*

53 f § Den som på grund av bestämmelserna i 53 c § andra stycket 2–5 har förelagts att enligt första stycket samma paragraf lämna information har rätt till skälig ersättning för kostnader och

besvär. Ersättningen ska betalas av den som har framställt yrkandet om informationsföreläggande.

Den som tillhandahåller en elektronisk kommunikationstjänst och som till följd av ett informationsföreläggande har lämnat ut information som avses i 6 kap. 20 § lagen (2003:389) om elektronisk kommunikation ska sända en skriftlig underrättelse om detta till den som uppgifterna gäller tidigast efter en månad och senast efter tre månader från det att informationen lämnades ut. Kostnaden för underrättelsen ersätts enligt första stycket. *Lag (2009:109).*

53 g § Trots förbudet i 21 § personuppgiftslagen (1998:204) får personuppgifter om lagöverträdelser som innefattar brott enligt 53 § behandlas om detta är nödvändigt för att ett rättsligt anspråk ska kunna fastställas, göras gällande eller försvaras. Lag (2009:109).

53 h § På yrkande av käranden får domstolen, i mål om intrång eller överträdelse som avses i 53 §, ålägga den som har gjort eller medverkat till intrånget eller gjort sig skyldig till eller medverkat till överträdelsen att bekosta lämpliga åtgärder för att sprida information om domen i målet.

Bestämmelserna i första stycket tillämpas också i fråga om försök eller förberedelse till intrång eller överträdelse som avses i 53 §. *Lag (2009:109).*

54 § Den som i strid mot denna lag eller mot föreskrift enligt 41 § andra stycket utnyttjar ett verk ska betala skälig ersättning för utnyttjandet till upphovsmannen eller hans eller hennes rättsinnehavare.

Sker det uppsåtligen eller av oaktsamhet, ska ersättning även betalas för den ytterligare skada som intrånget eller överträdelsen har medfört. När ersättningens storlek bestäms ska hänsyn särskilt tas till
1. utebliven vinst,
2. vinst som den som har begått intrånget eller överträdelsen har gjort,
3. skada på verkets anseende,
4. ideell skada, och
5. upphovsmannens eller rättsinnehavarens intresse av att intrång inte begås. Andra stycket gäller även den som annars uppsåtligen eller av oaktsamhet vidtar en åtgärd, som innebär intrång eller överträdelse enligt 53 §.

Ersättningsskyldighet enligt första eller andra stycket gäller inte den som i samband med framställning av exemplar för privat bruk enbart överträder 12 § fjärde stycket, om inte denna överträdelse sker uppsåtligen eller av grov oaktsamhet. *Lag (2009:109).*

55 § På yrkande av upphovsmannen eller hans eller hennes rättsinnehavare får domstolen, efter vad som är skäligt, besluta att egendom som ett intrång eller en överträdelse som avses i 53 § gäller ska återkallas från marknaden, ändras eller förstöras eller att någon annan åtgärd ska vidtas med den. Detsamma gäller i fråga om hjälpmedel som har använts eller varit avsett att användas vid intrånget eller överträdelsen.

Bestämmelserna i första stycket tillämpas också i fråga om försök eller förberedelse till intrång eller överträdelse som avses i 53 §.

Bestämmelserna i första stycket gäller inte om det olagliga förfarandet bestått i utförande av byggnadsverk.

Ett beslut om åtgärd enligt första stycket får inte innebära att upphovsmannen eller hans eller hennes rättsinnehavare ska betala ersättning till den som åtgärden riktas mot.

Åtgärder enligt första stycket ska bekostas av svaranden om det inte finns särskilda skäl mot detta.

Ett beslut som avses i denna paragraf ska inte meddelas, om förverkande eller någon åtgärd till förebyggande av missbruk ska beslutas enligt 53 a § eller enligt brottsbalken. *Lag (2009:109).*

56 § Trots 55 § får domstolen, om det med hänsyn till det konstnärliga eller ekonomiska värdet hos ett exemplar av ett verk eller övriga omständigheter är skäligt, på yrkande av den som har handlat i god tro, meddela tillstånd att exemplaret mot särskild ersättning till upphovsmannen eller hans eller hennes rättsinnehavare görs tillgängligt för allmänheten eller används för annat avsett ändamål. *Lag (2009:109).*

56 a § Om det skäligen kan antas att någon har gjort eller medverkat till ett intrång, eller gjort sig skyldig till eller medverkat till en överträdelse som avses i 53 §, får domstolen för att bevisning ska kunna säkras om intrånget eller överträdelsen besluta att en undersökning får göras hos denne för att söka efter föremål eller handlingar som kan antas ha betydelse för en utredning om intrånget eller överträdelsen (intrångsundersökning).

Ett beslut om intrångsundersökning får meddelas endast om skälen för åtgärden uppväger den olägenhet eller det men i övrigt som åtgärden innebär för den som drabbas av den eller för något annat motstående intresse.

Bestämmelserna i första och andra styckena tillämpas också i fråga om försök eller förberedelse till intrång eller överträdelse som avses i 53 §. *Lag (2009:109).*

56 b § Ett beslut om intrångsundersökning meddelas av den domstol där rättegång som rör intrånget pågår. Om rättegång inte är inledd, gäller i fråga om behörig domstol det som föreskrivs i 58 § för där avsedda mål och i rättegångsbalken om tvistemål för andra fall som rör intrång eller överträdelse. Det som sägs i rättegångsbalken om inskränkning av domstols behörighet i fråga om tvist som ska tas upp i annan ordning än inför domstol ska dock inte tillämpas.

En fråga om intrångsundersökning får tas upp endast på yrkande av upphovsmannen eller upphovsmannens rättsinnehavare eller den som på grund av upplåtelse har rätt att utnyttja verket. Om rättegång inte är inledd, ska yrkandet framställas skriftligen.

Innan ett beslut om undersökning meddelas ska motparten ha fått tillfälle att yttra sig. Domstolen får dock omedelbart meddela ett beslut som gäller till dess annat har beslutats, om ett dröjsmål skulle medföra risk för att föremål eller handlingar som har betydelse för utredning om intrånget skaffas undan, förstörs eller förvanskas.

I övrigt ska en fråga om intrångsundersökning som uppkommer då rättegång inte är inledd handläggas på samma sätt som om frågan uppkommit under rättegång. *Lag (2009:109).*

56 c § Ett beslut om intrångsundersökning får meddelas endast om sökanden ställer säkerhet hos domstolen för den skada som kan tillfogas motparten. Saknar sökanden förmåga att ställa säkerhet, får domstolen befria sökanden från det. I fråga om slaget av säkerhet gäller 2 kap. 25 § utsökningsbalken. Säkerheten skall prövas av domstolen, om den inte har godkänts av motparten.

I fråga om överklagande av domstolens beslut om intrångsundersökning och i fråga om handläggningen i högre domstol gäller vad som föreskrivs i rättegångsbalken om överklagande av beslut enligt 15 kap. rättegångsbalken. *Lag (1998:1454).*

56 d § Ett beslut om intrångsundersökning skall innehålla uppgifter om
1. vilket ändamål undersökningen skall ha,
2. vilka föremål och handlingar som det får sökas efter, och
3. vilka utrymmen som får genomsökas.

Om det behövs, skall domstolen även förordna om andra villkor för verkställandet. *Lag (1998:1454).*

56 e § Ett beslut om intrångsundersökning gäller omedelbart. Om ansökan om verkställighet inte har gjorts inom en månad från beslutet, förfaller det.

Om sökanden inte inom en månad från det att verkställigheten avslutats väcker talan eller på något annat sätt inleder ett förfarande om saken, skall en åtgärd som företagits vid verkställigheten av intrångsundersökningen omedelbart gå åter, i den utsträckning det är möjligt. Detsamma gäller om ett beslut om intrångsundersökning upphävs sedan verkställighet genomförts. *Lag (1998:1454).*

56 f § Ett beslut om intrångsundersökning verkställs av Kronofogdemyndigheten enligt de villkor som domstolen har föreskrivit och med tilllämpning av 1-3 kap., 17 kap. 1-5 §§ samt 18 kap. utsökningsbalken. Sökandens motpart skall underrättas om verkställigheten endast om beslutet om intrångsundersökning har tillkommit efter motpartens hörande. Myndigheten har rätt att ta fotografier och göra film- och ljudupptagningar av sådana föremål som den får söka efter. Myndigheten har också rätt att ta kopior av och göra utdrag ur sådana handlingar som den får söka efter.

En intrångsundersökning får inte omfatta en skriftlig handling som avses i 27 kap. 2 § rättegångsbalken. *Lag (2006:680).*

56 g § När ett beslut om intrångsundersökning skall verkställas har motparten rätt att tillkalla ett juridiskt biträde. I avvaktan på att biträdet inställer sig får verkställigheten inte påbörjas. Detta gäller dock inte, om
1. undersökningen därigenom onödigt fördröjs, eller
2. det finns en risk att ändamålet med åtgärden annars inte uppnås.

Vid verkställigheten får Kronofogdemyndigheten anlita det biträde av en sakkunnig som behövs.

Myndigheten får tillåta att sökanden eller ett ombud för sökanden är närvarande vid undersökningen för att bistå med upplysningar. Om ett sådant tillstånd ges, skall myndigheten se till att sökanden eller ombudet inte i större utsträckning än som kan motiveras av verkställigheten får kännedom om förhållanden som kommer fram. *Lag (2006:680).*

56 h § Fotografier och film- och ljudupptagningar av föremål samt kopior av och utdrag ur handlingar skall förtecknas och hållas tillgängliga för sökanden och motparten. *Lag (1998:1454).*

57 § Vad som sägs i 53-56 h §§ skall också tillämpas på rättighet som skyddas genom föreskrift i 5 kap. *Lag (1998:1454).*

57 **a** § Den som i annat fall än som avses i 53 § säljer, hyr ut eller för försäljning, uthyrning eller annat förvärvssyfte innehar ett hjälpmedel som är avsett endast för att underlätta olovligt borttagande eller kr inggående av en anordning som anbringats för att skydda ett datorprogram mot olovlig exemplarframställning, döms till böter eller fängelse i högst sex månader. *Lag (1992:1687).*

57 **b** § Den som, i annat fall än som avses i 53 §, uppsåtligen eller av grov oaktsamhet bryter mot 52 e eller 52 g § döms till böter eller fängelse i högst sex månader.

Den som, i annat fall än som avses i 53 §, uppsåtligen eller av grov oaktsamhet bryter mot 52 d § döms till böter. *Lag (2005:359).*

58 § Rätt domstol i mål om ljudradio- eller televisionsutsändning i strid mot denna lag är Stockholms tingsrätt. Detsamma gäller i mål om ersättning som avses i 17 och 18 §§, 26 a § första stycket eller 47 § och i mål i vilket motsvarande ersättning begärs på grund av en hänvisning i 45, 46, 48, 49 eller 49 a § samt i mål om ersättning för utnyttjande med stöd av 42 e § eller ersättning för en sådan vidaresändning som avses i 42 f §. *Lag (2013:691).*

59 § Brott som avses i 57 b § andra stycket får åtalas av åklagare endast om åtal är påkallat från allmän synpunkt. Brott i övrigt

som avses i denna lag får åtalas av åklagare endast om målsägande anger brottet till åtal eller åtal är påkallat från allmän synpunkt.

Överträdelse av 3 § eller av föreskrift enligt 41 § andra stycket får alltid beivras av upphovsmannens efterlevande make, släktingar i rätt upp- och nedstigande led eller syskon.

Egendom som avses i 55 § får, om brott enligt denna lag skäligen kan antas föreligga, tas i beslag. I fråga om ett sådant beslag tillämpas reglerna om beslag i brottmål i allmänhet. *Lag (2005:359).*

8 Kap. Lagens tillämpningsområde

60 § Bestämmelserna om upphovsrätt tillämpas på
1. verk av den som är svensk medborgare eller har sin vanliga vistelseort i Sverige,
2. verk som först utgivits i Sverige eller samtidigt i Sverige och utom riket,
3. filmverk vars producent har sitt säte eller sin vanliga vistelseort i Sverige,
4. här uppfört byggnadsverk,
5. konstverk som utgör del av här belägen byggnad eller på annat sätt är fast förenat med marken.

Vid tillämpning av första stycket 2. anses samtidig utgivning ha ägt rum, om verket utgivits i Sverige inom trettio dagar efter utgivning utomlands. Vid tillämpning av första stycket 3. anses, där ej annat visas, den vars namn på sedvanligt sätt utsatts på exemplar av filmverket som verkets producent.

Bestämmelserna i 26 k-26 p §§ tillämpas på verk av den som är svensk medborgare eller har sin vanliga vistelseort i Sverige.

Bestämmelserna i 44 a § tillämpas på utgivningar och offentliggöranden av den som är svensk medborgare eller har sin vanliga vistelseort i Sverige. Bestämmelserna tillämpas också på utgivningar och offentliggöranden av juridiska personer som har säte i Sverige.

Bestämmelserna i 50 och 51 §§ tillämpas på varje litterärt eller konstnärligt verk, oberoende av dess ursprung. *Lag (2007:521).*

61 § Bestämmelserna i 45, 47 och 48 §§ är tillämpliga på framföranden, ljudupptagningar samt ljudradio- och televisionsutsändningar som äger rum i Sverige. Dessutom tillämpas bestämmelserna i 45 § på framföranden av den som är svensk medborgare eller har sin vanliga vistelseort i Sverige, bestämmelserna i 47 § på ljudupptagningar vars framställare är svensk medborgare eller svensk juridisk person eller har sin vanliga vistelseort i Sverige och bestämmelserna i 48 § på utsändningar av radio- eller televisionsföretag som har sitt säte här i landet. Bestämmelserna i 46 § tillämpas på ljudupptagningar och upptagningar av rörliga bilder vars framställare är svensk medborgare eller svensk juridisk person eller har sin vanliga vistelseort i Sverige liksom på sådana upptagningar av rörliga bilder som äger rum i Sverige. Bestämmelsen i 46 § om eftergörande gäller dock alla ljudupptagningar.

Bestämmelserna i 49 § tillämpas på arbeten vars framställare är svensk medborgare eller har sin vanliga vistelseort i Sverige. Bestämmelserna tilllämpas även på arbeten vars framställare är svensk juridisk person och har sitt säte, sitt huvudkontor eller sin huvudsakliga verksamhet i Sverige. Om den juridiska personen har sitt säte i Sverige men inte sitt huvudkontor eller sin huvudsakliga verksamhet här, tillämpas bestämmelserna dock endast om arbetet ingår i en ekonomisk verksamhet som har etablerats i Sverige.

Av bestämmelserna i 49 a § tillämpas hänvisningen till 50 och 51 §§ på alla fotografiska bilder och övriga bestämmelser på fotografiska bilder

1. vars framställare är svensk medborgare eller har sin vanliga vistelseort i Sverige eller
2. som först har utgivits i Sverige eller samtidigt i Sverige och utomlands eller
3. som har infogats i en byggnad eller annan anordning som är fast förenad med marken, om byggnaden eller anordningen är belägen i Sverige.

Vid tillämpningen av tredje stycket 2 anses utgivningen ha skett samtidigt, om bilden har utgivits i Sverige inom trettio dagar efter utgivningen utomlands.

Av bestämmelserna i 45 § tillämpas hänvisningen till 26 k-26 m §§ endast på framföranden som har gjorts av någon som är svensk medborgare eller som har sin vanliga vistelseort i Sverige. Av bestämmelserna i 46 § tilllämpas hänvisningen till 26 k-26 m §§ endast på upptagningar vars framställare är svensk medborgare eller svensk juridisk person eller har sin vanliga vistelseort i Sverige. Av bestämmelserna i 49 a § tillämpas hänvisningen till 26 k-26 p §§ endast på fotografiska bilder vars framställare är svensk medborgare eller har sin vanliga vistelseort i Sverige. *Lag (2007:521).*

61 a § När verk eller andra prestationer som skyddas enligt denna lag sänds ut till allmänheten över satellit, skall den upphovsrättsligt relevanta åtgärden anses ske i det land där sändarföretaget under sin kontroll och på sitt ansvar för in prestationerna i en oavbruten överföring till satelliten och därifrån till marken.

Detta gäller inte, om införandet äger rum i ett land som inte ingår i Europeiska ekonomiska samarbetsområdet (EES) och som inte heller tillhandahåller den skyddsnivå som föreskrivs i kapitel 2 i Europeiska gemenskapernas råds direktiv 93/83/EEG av den 27 september 1993.12

Om i fall som avses i andra stycket uppsändningen till satelliten äger rum i ett EES-land, skall den upphovsrättsligt relevanta åtgärden anses ske i det land där uppsändningen äger rum. Om uppsändningen till satelliten inte äger rum i ett EES-land men det radio- eller televisionsföretag som har beslutat om utsändningen har sitt säte i ett EES-land, skall den upphovsrättsligt relevanta åtgärden anses ske i det landet. *Lag (1995:447).*

62 § Regeringen får, under förutsättning av ömsesidighet eller om det följer av ett sådant avtal med en främmande stat eller en mellanfolklig organisation som riksdagen godkänt, meddela föreskrifter om denna lags tillämpning med avseende på andra länder. Regeringen får också meddela föreskrifter om lagens tillämpning på verk och fotografiska bilder som först har utgivits av en mellanfolklig organisation och på inte utgivna verk och fotografiska bilder som en sådan organisation får ge ut. *Lag (1995:1273).*

9 Kap. Ikraftträdande- och övergångsbestämmelser

63 § Denna lag träder i kraft den 1 juli 1961; dock att 51 § och därtill anslutande bestämmelser i 6 och 8 kap. skola, såvitt angår återgivande i tryckt skrift, träda i kraft den dag Konungen förordnar. *Lag (1970:488).*

64 § Genom denna lag upphävas:

1) lagen den 30 maj 1919 (nr 381) om rätt till litterära och musikaliska verk;

2) lagen den 30 maj 1919 (nr 382) om rätt till verk av bildande konst;

3) lagen den 14 december 1956 (nr 590) om skydd för vissa kartor; samt

4) lagen den 1 mars 1957 (nr 32) om tillfällig förlängning av skyddstid för litterära och musikaliska verk.

65 § Den nya lagen skall, med iakttagande av vad i 66-69 §§ sägs, äga tillämpning jämväl med avseende å litterärt eller konstnärligt verk, som tillkommit före ikraftträdandet. *Lag (1970:488).*

66 § Sådana exemplar av ett verk, som framställts med stöd av äldre lag, må fritt spridas och visas, dock att vad i 23 § stadgas om uthyrning av noter till musikaliskt verk skall äga tillämpning.

67 § Trycksatser, klichéer, formar och andra hjälpmedel, som med stöd av äldre lag framställts för mångfaldigande av visst

verk, må utan hinder av vad i nya lagen är stadgat fritt användas för sitt ändamål till utgången av år 1963. På exemplar, som framställts med stöd härav, skall vad i 66 § sägs äga motsvarande tillämpning.

68 § Beträffande tidning, tidskrift eller annat verk, som består av självständiga bidrag från särskilda medarbetare och som utgivits före nya lagens ikraftträdande, skall upphovsrätt enligt 5 § tillkomma utgivaren eller, om han ej är känd, förläggaren.

Om såsom utgivare angivits offentlig undervisningsanstalt eller akademi eller ock bolag, förening eller annan samfällighet eller, där utgivare ej är känd, dylik samfällighet är förläggare, skall skyddstiden beräknas enligt 44 §.

69 § Äldre lag skall tillämpas på sådant avtal om överlåtelse av upphovsrätt, som tillkommit före nya lagens ikraftträdande. *Lag (1976:192).*

70 § Vad i 65-67 §§ sägs skall äga motsvarande tillämpning med avseende å rättighet, som skyddas genom föreskrift i 5 kap.

Har avtal om upptagning som sägs i 45 § tillkommit före nya lagens ikraftträdande, skall vad i 69 § sägs äga motsvarande tillämpning.

Övergångsbestämmelser

1970:488

Denna lag träder i kraft den 1 oktober 1970.

I fråga om alster av konsthantverk eller konstindustri, som tillkommit före ikraftträdandet och då åtnjöt skydd enligt äldre bestämmelser, äger de nya bestämmelserna tillämpning, om alstret är att hänföra under brukskonst, och skall i annat fall upphovsrätten icke upphöra före utgången av september 1980.

1973:363

Denna lag träder i kraft den 1 juli 1973.

Den nya lagen skall tillämpas även på verk som tillkommit före ikraftträdandet, dock med följande undantag:

1. Exemplar av verk som framställts med stöd av äldre lag får fritt spridas och visas.
2. Har någon före ikraftträdandet tillverkat trycksats, kliché, form eller annat sådant hjälpmedel för att med stöd av äldre lag mångfaldiga visst verk, får han använda det för detta ändamål till utgången av år 1975 och fritt sprida och visa exemplar som framställts.

Vad sålunda stadgas om verk skall äga motsvarande tillämpning på framförande, ljudupptagning samt ljudradio- och televisionsutsändning som avses i 45-48 §§ ävensom på arbete som avses i 49 §.

1978:488

Denna lag träder i kraft den 1 juli 1978. Den skall tillämpas även på verk som tillkommit före ikraftträdandet. Vad sålunda har föreskrivits om verk skall ha motsvarande tillämpning på framförande, ljudupptagning, ljudradioutsändning och televisionsutsändning som avses i 45, 46 och 48 §§ samt på arbete som avses i 49 §.

1980:610
Denna lag träder i kraft den 1 januari 1981.

Den nya lagen skall tillämpas även på sådant verk och i 49 § avsett arbete som tillkommit före ikraftträdandet.

1982:284
Denna lag träder i kraft den 1 juli 1982. Den gäller inte beträffande intrång eller överträdelse som har skett dessförinnan eller i fråga om brott som har begåtts före ikraftträdandet.

1982:1059
Denna lag träder i kraft den 1 januari 1983. Den skall tillämpas även på verk som har tillkommit före ikraftträdandet.

1986:367
1. Denna lag träder i kraft den 1 juli 1986.
2. Bestämmelserna i 22 d §, 45 § tredje stycket, i vad avser hänvisningen till 22 d §, och 47 § andra stycket tillämpas även på verk och upptagningar som har tillkommit före ikraftträdandet.
3. Bestämmelserna i 45 § tredje stycket, i vad avser hänvisningen till 6--8 och 26 §§, 46 § andra stycket, 47 § tredje stycket, 48 § tredje stycket, 49 § andra stycket och 61 § första stycket tredje meningen tillämpas även på verk som har tillkommit före ikraftträdandet, på radio- och televisionsutsändningar, upptagningar och framföranden som har ägt rum före ikraftträdandet och på sammanställningar som har gjorts före ikraftträdandet.
4. Bestämmelsen i 47 § första stycket tillämpas även på upptag-

ningar som har gjorts före lagens ikraftträdande, förutsatt att den tid inom vilken en utsändning har gett rätt till ersättning enligt äldre bestämmelser då inte har löpt ut.

5. Bestämmelserna om skyddstid i 45 § andra stycket, 46 § första stycket och 48 § andra stycket tillämpas även på framföranden, ljudupptagningar samt ljudradio- och televisionsutsändningar som har ägt rum före lagens ikraftträdande, förutsatt att skyddstiden enligt äldre bestämmelser då inte har löpt ut.

1986:1426

Denna lag träder i kraft den 1 april 1987. Lagen tillämpas inte på kretsmönster som har tillkommit före ikraftträdandet.

1987:800

1. Denna lag träder ikraft den 1 januari 1988.
2. Har upphovsmannen avlidit före ikraftträdandet, skall äldre bestämmelser fortfarande tillämpas.

1989:396

Denna lag träder i kraft den 1 juli 1989.

Lagen tillämpas även på verk som har tillkommit före ikraftträdandet. Bestämmelserna i 40 a § tillämpas även på överlåtelser som har ägt rum före ikraftträdandet.

1991:1073

Denna lag träder i kraft den 1 juli 1991. Den skall tillämpas även på verk som har kommit till före ikraftträdandet. Vad som föreskrivs om verk gäller också framföranden, ljudupptagning, ljudradiosändning och televisionssändning som avses i 45, 46 och 48 §§ samt arbete som avses i 49 §.

1992:1687

1. Denna lag träder i kraft den 1 januari 1993 utom i fråga om 23 §. Vad gäller 23 § träder lagen i kraft den dag regeringen bestämmer. Har regeringen inte före den 1 januari 1994 satt lagen i kraft såvitt gäller 23 §, träder dock lagen i den delen aldrig i kraft. Har regeringen före den 1 januari 1994 satt lagen i kraft såvitt gäller 23 §, upphör lagen att gälla i den delen vid utgången av år 1993. *Lag (1993:1008).*

2. Lagen tillämpas även på verk som har tillkommit före i kraftträdandet utom så vitt gäller åtgärder som vidtagits eller rättigheter som förvärvats dessförinnan.

1993:1007

1. Denna lag träder i kraft den 1 januari 1994 utom i fråga om 19 § tredje meningen som träder i kraft den dag regeringen bestämmer. (I kraft den 1 januari 1994, 1993:1646).

2. Lagen tillämpas även på verk som har kommit till före ikraftträdandet utom när det gäller åtgärder som har gjorts eller rättigheter som har förvärvats före den tidpunkten. Det som sägs i 19 § om uthyrning och andra jämförliga rättshandlingar avseende exemplar av litterära verk skall dock alltid tillämpas från tiden för ikraftträdandet.

3. Det som sägs i 2 tillämpas också i fråga om framföranden, upptagningar, utsändningar och arbeten som avses i 45, 46, 48, och 49 §§. I fråga om framföranden, ljudupptagningar och utsändningar för vilka skyddstiden enligt äldre bestämmelser löpte ut före den 1 juli 1986, gäller dock fjärde och femte punkterna i ikraftträdande- och övergångsbestämmelserna till lagen (1986:367) om ändring i lagen (1960:729) om upphovsrätt till litterära och konstnärliga verk. *Lag (1993:1213).*

1994:190

1. Denna lag träder i kraft den 1 juli 1994, då lagen (1960:730) om rätt till fotografisk bild skall upphöra att gälla.

2. Med de undantag som anges i punkterna 3--7 tillämpas de nya föreskrifterna även på verk och fotografiska bilder som har kommit till före ikraftträdandet.

3. Sådana exemplar av en fotografisk bild som har framställts med stöd av äldre föreskrifter, får även i fortsättningen fritt spridas och visas. De nya föreskrifterna tillämpas inte heller i övrigt när det gäller åtgärder som har gjorts eller rättigheter som har förvärvats före ikraftträdandet.

4. Bestämmelserna om upphovsrättens giltighetstid i 43 och 44 §§ tillämpas på fotografiska verk som har kommit till före ikraftträdandet endast under förutsättning att skyddstiden enligt äldre bestämmelser inte har löpt ut vid ikraftträdandet.

5. Bestämmelsen om skyddstid i 49 a § tredje stycket tillämpas på fotografiska bilder som har kommit till före ikraftträdandet endast under förutsättning att skyddstiden enligt äldre bestämmelser inte har löpt ut vid ikraftträdandet.

6. Om de nya föreskrifterna i fråga om en viss fotografisk bild medför en kortare skyddstid än den som följer av äldre bestämmelser, skall de äldre bestämmelserna om skyddstid tillämpas.

7. Bestämmelsen i 10 § andra stycket tillämpas inte på kretsmönster som kom till före den 1 april 1987.

1995:447

1. Denna lag träder i kraft den 1 juni 1995.

2. Bestämmelserna i 26 d § tredje stycket och 61 a § skall i fråga om avtal som har ingåtts före ikraftträdandet inte tillämpas förrän den 1 januari 2000.

3. Bestämmelsen i 45 § tredje stycket såvitt gäller hänvisningen till 39 § första meningen skall inte tillämpas i fråga om avtal om

filminspelning som har ingåtts före ikraftträdandet. I fråga om sådana avtal gäller dock att en utövande konstnär genom avtalet skall anses ha överlåtit rätt att genom filmen göra framförandet tillgängligt för allmänheten.

4. Med de undantag som anges i 5 och 6 skall de nya föreskrifterna tillämpas även på verk och prestationer som har kommit till före ikraftträdandet.

5. De nya föreskrifterna skall inte tillämpas när det gäller åtgärder som har vidtagits eller rättigheter som har förvärvats före ikraftträdandet. Bestämmelserna i 19 § andra stycket samt 45 och 46 §§ såvitt gäller hänvisningen till 19 § andra stycket skall dock alltid tillämpas från tiden för ikraftträdandet.

6. I fråga om framföranden, ljudupptagningar och utsändningar för vilka skyddstiden enligt äldre bestämmelser löpte ut före den 1 juli 1986 gäller 4 och 5 ikraftträdande- och övergångsbestämmelserna till lagen (1986:367) om ändring i lagen (1960:729) om upphovsrätt till litterära och konstnärliga verk.

1995:1273

1. Denna lag träder i kraft den 1 januari 1996.

2. De nya bestämmelserna tillämpas även på verk som har kommit till före ikraftträdandet.

3. De nya bestämmelserna tillämpas inte när det gäller åtgärder som har vidtagits eller rättigheter som har förvärvats före ikraftträdandet. De exemplar av ett verk som har framställts med stöd av äldre bestämmelser får fritt spridas och visas. Vad som sägs i 19 § andra stycket och 26 j § skall dock tillämpas.

4. Om någon efter utgången av upphovsrättens giltighetstid enligt de äldre bestämmelserna men före ikraftträdandet har börjat att förfoga över ett verk genom att framställa exemplar av det eller genom att göra det tillgängligt för allmänheten, får han utan hinder av de nya bestämmelserna om upphovsrättens gil-

tighetstid i nödvändig och sedvanlig utsträckning fortsätta den planerade verksamheten dock längst till den 1 januari 2000. Sådan rätt till förfogande har under motsvarande förutsättningar även den som har vidtagit väsentliga åtgärder för att framställa exemplar av verket eller för att göra det tillgängligt för allmänheten. De exemplar av ett verk som framställs med stöd av dessa bestämmelser får fritt spridas och visas. Vad som sägs i 19 § andra stycket och 26 j § skall dock tillämpas.

5. Om upphovsrättens giltighetstid för ett visst verk vid tillämpningen av de nya bestämmelserna blir kortare än den skulle ha blivit vid tillämpning av äldre bestämmelser, tillämpas de äldre bestämmelserna om giltighetstid. Bestämmelserna i 44 § tredje stycket tillämpas dock alltid efter ikraftträdandet.

6. Det som sägs i punkterna 2 - 5 tillämpas också på framföranden och upptagningar som avses i 45 och 46 §§.

1995:1274

Enligt riksdagens beslut föreskrivs i fråga om lagen (1995:447) om ändring i lagen (1960:729) om upphovsrätt till litterära och konstnärliga verk att punkt 6 övergångsbestämmelserna skall upphöra att gälla så vitt avser framföranden och ljudupptagningar.

1997:309

1. Denna lag träder i kraft den 1 juli 1997.

2. De nya bestämmelserna tillämpas även på verk och framföranden som har kommit till före ikraftträdandet.

3. De nya bestämmelserna tillämpas även på avtal om överlåtelse som har ingåtts före ikraftträdandet, dock inte på avtal som har ingåtts före den 19 november 1992. Beträffande avtal som har ingåtts därefter men före den 1 juli 1994 föreligger rätt till ersättning enligt de nya bestämmelserna endast om krav på ersättning har framställts före den 1 september 1997.

1997:790

1. Denna lag träder i kraft den 1 januari 1998.

2. De nya bestämmelserna tillämpas även på verk och prestationer som har kommit till före ikraftträdandet. I fråga om arbeten som har framställts inom femton år före ikraftträdandet gäller rätt enligt 49 § till den 1 januari 2014.

3. De nya bestämmelserna tillämpas inte när det gäller åtgärder som har vidtagits eller rättigheter som har förvärvats före ikraftträdandet. De exemplar av arbeten enligt 49 § som har framställts med stöd av äldre bestämmelser får fritt spridas och visas. Hänvisningen i 49 § tredje stycket till 19 § andra stycket skall dock tillämpas.

4. Om någon med stöd av äldre bestämmelser har börjat att förfoga över ett arbete enligt 49 § genom att framställa exemplar av det eller genom att göra det tillgängligt för allmänheten, får han trots de nya bestämmelserna i nödvändig och sedvanlig utsträckning fortsätta den planerade verksamheten, dock längst till den 1 januari 2000. Sådan rätt till förfogande har under motsvarande förutsättningar även den som före ikraftträdandet har vidtagit väsentliga åtgärder för att framställa exemplar av arbetet eller för att göra det tillgängligt för allmänheten. De exemplar av ett arbete som framställs med stöd av dessa bestämmelser får fritt spridas och visas. Hänvisningen i 49 § tredje stycket till 19 § andra stycket skall dock tillämpas.

1998:1552

1. Denna lag träder i kraft den 1 januari 1999.

2. De nya bestämmelserna tillämpas även på verk och prestationer som har kommit till före ikraftträdandet.

2000:92

1. Denna lag träder i kraft den 1 april 2000.

2. De nya bestämmelserna i 9 och 26 a §§ tillämpas även på verk som ingår i en bilaga till ett beslut som meddelats före ikraftträdandet.
3. Den nya bestämmelsen i 26 § tillämpas även på uppgifter i verk som anförts muntligen eller skriftligen före ikraftträdandet.
4. En åtgärd som före ikraftträdandet har vidtagits med ett sådant verk som avses i punkterna 2 och 3 och som då var tillåten kan inte angripas med stöd av de nya bestämmelserna.

2005:359
1. Denna lag träder i kraft den 1 juli 2005.
2. Med de undantag som anges i 3-5 skall de nya föreskrifterna även tilllämpas på verk och prestationer som har kommit till före ikraftträdandet.
3. Äldre bestämmelser i 19 § första stycket skall fortfarande tillämpas på sådana exemplar av verk som med upphovsmannens samtycke har överlåtits inom Europeiska ekonomiska samarbetsområdet före ikraftträdandet.
4. Bestämmelsen i 46 § andra stycket om beräkning av skyddstiden för ljudupptagningar skall inte tillämpas på ljudupptagningar beträffande vilka skyddstiden löpt ut vid lagens ikraftträdande.
5. Äldre bestämmelser skall fortfarande tillämpas i fråga om åtgärder som har vidtagits eller rättigheter som har förvärvats före ikraftträdandet.

2005:360
1. Denna lag träder i kraft den 1 juli 2005.
2. För brott begångna innan denna lag trätt i kraft gäller 55 § i sin äldre lydelse.

2007:521

1. Denna lag träder i kraft den 1 juli 2007.

2. Med det undantag som anges i 3 skall de nya bestämmelserna även tilllämpas på verk och prestationer som har kommit till före ikraftträdandet.

3. Har en vidareförsäljning av ett konstverk skett före ikraftträdandet gäller fortfarande äldre bestämmelser.

4. Bestämmelsen i 26 p § tredje stycket skall dock tillämpas även på fordringar som har uppkommit före ikraftträdandet, om inte fordran innan dess har preskriberats enligt äldre bestämmelser.

2009:109

1. Denna lag träder i kraft den 1 april 2009.

2. Bestämmelserna i 53 c–53 f och 53 h §§ ska inte tillämpas när intränget eller överträdelsen, eller försöket eller förberedelsen till intränget eller överträdelsen, har begåtts före ikraftträdandet.

2013:691

1. Denna lag träder i kraft den 1 november 2013.

2. De nya bestämmelserna ska tillämpas även på verk och prestationer som har tillkommit före ikraftträdandet. De nya bestämmelserna i 45 § andra stycket och 46 § andra stycket ska dock inte tillämpas om skyddstiden har löpt ut vid lagens ikraftträdande.

3. Äldre bestämmelser gäller i fråga om åtgärder som har vidtagits eller rättigheter som har förvärvats före ikraftträdandet. 45 a, 45 c och 45 d §§ ska dock tillämpas även på avtal som har ingåtts före ikraftträdandet.

4. Om inte annat uttryckligen har avtalats ska en överlåtelse, genom vilken en utövande konstnär före ikraftträdandet har överlåtit den rätt till en ljudupptagning som konstnären har enligt 45 § till en framställare av ljudupptagningar, anses omfatta även

tid efter det att skyddstiden för den utövande konstnärens rätt enligt äldre bestämmelser löpt ut.

Upphovsrättsförordning (1993:1212)

1 § I denna förordning finns verkställighetsföreskrifter till lagen (1960:729) om upphovsrätt till litterära och konstnärliga verk (upphovsrättslagen). Förordning (*1994:194*).

2 § Med framställning av exemplar för kompletteringsändamål i 16 § första stycket 1 upphovsrättslagen avses fall när
1. ett exemplar av ett verk är ofullständigt; om verket har kommit ut i delar avses dock endast fallet att den del som saknas inte kan köpas i handeln, eller
2. exemplar av ett verk inte kan köpas i handeln och exemplarframställningen sker hos ett arkiv eller bibliotek som har rätt att få pliktexemplar av den aktuella produkttypen.

Första stycket gäller även i fråga om prestationer som avses i 45, 46 och 48--49 a §§ upphovsrättslagen. Förordning (*1994:194*).

Framställning av exemplar m.m. till personer med funktionshinder

3 § När bibliotek och organisationer framställer eller överför exemplar av verk enligt 17 § andra stycket upphovsrättslagen skall
1. upphovsmannen meddelas, om det kan ske utan besvär,
2. exemplaren förses med uppgift om verkets titel, om framställningsåret och om vem som är framställare samt med de uppgifter som krävs enligt 11 § upphovsrättslagen, och

3. framställaren upprätta ett register över de exemplar som framställs.

Om ett bibliotek eller en organisation sprider eller överför exemplar till personer med funktionshinder på ett sådant sätt att dessa personer får behålla ett exemplar av verket, skall upphovsmannen meddelas även om det. Detta gäller endast om det kan ske utan besvär. Förordning (*2005:362*).

Framställning av upptagningar för ljudradio- och televisionsutsändningar

4 § När ett radio- eller televisionsföretag gör en upptagning med stöd av 26 e § 1 upphovsrättslagen eller en bestämmelse som hänvisar till den bestämmelsen gäller att upptagningen
1. ska göras med företagets egen utrustning,
2. får användas endast vid egna utsändningar ett fåtal gånger under begränsad tid varefter den, om inte något annat följer av 3, ska utplånas,
3. får överlämnas endast till och bevaras endast i ett arkiv hos ett sådant företag som har tillstånd av regeringen enligt 4 kap. 3 § första stycket radio- och tv-lagen (2010:696); så får dock ske endast om upptagningen har dokumentariskt värde,
4. får föras över på nytt underlag, varvid originalupptagningen ska utplånas, och
5. får brukas för framställning av ett särskilt exemplar av upptagningen vilket ska användas för utsändning; efter utsändningen ska upptagningen på det särskilda exemplaret utplånas. Förordning (*2010:711*).

Talan om förbud mot kränkande återgivning

5 § Rätt att föra talan enligt 51 § upphovsrättslagen har Svenska Akademien, Musikaliska akademien och Akademien för de fria konsterna, var och en för sitt område.

Övergångsbestämmelser

1993:1212

Denna förordning träder i kraft den 1 januari 1994, då förordningen (1961:348) med tillämpningsbestämmelser till lagarna (1960:729 och 730) om upphovsrätt till litterära och konstnärliga verk och om rätt till fotografisk bild skall upphöra att gälla.

Internationell upphovsrättsförordning (1994:193)

1 § I denna förordning finns föreskrifter om tillämpningen av lagen (1960:729) om upphovsrätt till litterära och konstnärliga verk (upphovsrättslagen) med avseende på andra länder och mellanstatliga organisationer.

Vid tillämpningen av upphovsrättslagen skall den som är medborgare i ett land som ingår i Europeiska ekonomiska samarbetsområdet (ett EES-land) alltid behandlas som om han vore svensk medborgare. Vid tillämpningen av lagen skall en juridisk person från ett EES-land alltid behandlas som en svensk juridisk person och en juridisk person med säte i ett EES-land alltid behandlas som en juridisk person med säte i Sverige. Förordning (*1995:1275*).

Bernkonventionen för skydd av litterära och konstnärliga verk

2 § Bestämmelserna om upphovsrätt i upphovsrättslagen skall tillämpas på

1. verk av den som är medborgare eller har sin vanliga vistelseort i ett annat land än Sverige inom den internationella unionen för skydd av litterära och konstnärliga verk (Bernunionen),
2. verk som först har getts ut i ett annat unionsland än Sverige,

3. verk som först har getts ut i ett land utanför unionen och därefter inom trettio dagar i ett unionsland,
4. filmverk vars producent har sitt säte eller sin vanliga vistelseort i ett annat unionsland än Sverige,
5. byggnadsverk som är uppförda i ett annat unionsland än Sverige, och
6. verk av grafisk eller plastisk konst som utgör del av en byggnad som är uppförd i ett annat unionsland än Sverige eller som på något annat sätt är fast förenade med marken i ett sådant land.

Vid tillämpningen av första stycket 4 anses den vars namn på sedvanligt sätt har satts ut på exemplar av filmverket som dess producent, om inte något annat visas.

Bestämmelserna i 26 n-26 p §§ upphovsrättslagen skall tillämpas på verk av den som är medborgare eller har sin vanliga vistelseort i ett annat unionsland än Sverige, om det andra unionslandet har genomfört en sådan ersättningsordning som avses i artikel 14 ter i Bernkonventionen för skydd av litterära och konstnärliga verk.

Vad som sägs i första stycket gäller inte bestämmelserna i 44 a § upphovsrättslagen. Förordning (*2007:520*).

3 § Skyddet enligt svensk lag skall inte gälla när skyddstiden i verkets hemland har gått ut.

Om verket först har getts ut i ett unionsland, är detta land verkets hemland. Om verket inom trettio dagar har getts ut i flera unionsländer, är hemlandet det land som har den kortaste skyddstiden. Om verket inom trettio dagar har getts ut i ett land utanför unionen och i ett unionsland, är unionslandet hemland.

Om ett verk inte har hemland inom unionen enligt andra stycket, är hemlandet det unionsland där upphovsmannen är medborgare eller har sin vanliga vistelseort. För filmverk vars producent har sitt säte eller sin vanliga vistelseort i ett unionsland är dock detta land hemland. För byggnadsverk som är uppförda i ett unionsland, för konstverk som utgör del av en byggnad som är uppförd i ett unionsland och för konstverk som på något annat sätt är fast förenade med marken i ett sådant land är detta land hemland.

4 § I fråga om ett avtal om bidrag till ett filmverk som avses i 2 § 1--4 gäller vad som sägs i 39 § upphovsrättslagen, om inte något annat följer av avtalet. Lagen i det land där filmproducenten har sitt säte eller sin vanliga vistelseort bestämmer huruvida ett sådant avtal skall vara skriftligt för att det skall ha en sådan verkan som avses i första meningen.

Första stycket tillämpas också på avtal om bidrag till sådana filmverk som avses i 60 § upphovsrättslagen om verket enligt 3 §
1. har hemland i ett annat unionsland än Sverige, eller
2. har hemland i Sverige utan att svensk lag skall tillämpas på avtalet.

5 § Bestämmelserna i 2--4 §§ skall tillämpas också i fråga om rätten till fotografisk bild enligt upphovsrättslagen.

Världskonventionen om upphovsrätt

6 § Bestämmelserna om upphovsrätt i upphovsrättslagen skall tillämpas på
1. verk av den som är medborgare i ett annat land än Sverige

vilket är anslutet till Världskonventionen om upphovsrätt i dess ursprungliga lydelse eller den ändrade lydelse som den fick i Paris den 24 juli 1971,
2. verk av den som har hemvist i ett land som avses i 1, om landet genom sin lagstiftning likställer honom eller henne med sina egna medborgare när det gäller tillämpningen av Världskonventionen,
3. verk av statslösa eller flyktingar som har sin vanliga vistelseort i ett land som är anslutet till tilläggsprotokoll 1 till konventionen i dess ursprungliga eller ändrade lydelse, och
4. verk som först har getts ut i ett land som är anslutet till konventionen i dess ursprungliga eller ändrade lydelse.

Vad som sägs i första stycket gäller inte bestämmelserna i 26 n-26 p och 44 a §§ upphovsrättslagen. Förordning (*2008:851*).

7 § Skyddet enligt svensk lag ska inte gälla när skyddstiden i verkets hemland har gått ut.

Om verket först har getts ut i ett land som är anslutet till världskonventionen, är detta land verkets hemland. Om verket inom trettio dagar har getts ut i flera sådana länder, är hemlandet det land som har den kortaste skyddstiden. Om verket först har getts ut i ett land som inte är anslutet till konventionen eller om verket inte har getts ut, är hemlandet det konventionsland där upphovsmannen är medborgare eller, under de förutsättningar som anges i 6 § första stycket 2 och 3, har hemvist eller sin vanliga vistelseort. Förordning (*2008:851*).

8 § Bestämmelserna i 6 och 7 §§ gäller inte verk vars hemland enligt 3 § är
1. ett land inom Bernunionen, eller

2. ett land som har trätt ut ur unionen efter den 1 januari 1951.

Bestämmelserna gäller dock om landet
1. är ett utvecklingsland enligt b i tilläggsdeklarationen om artikel XVII i den ändrade lydelsen av världskonventionen, och
2. vid utträdet ur Bernunionen deponerade ett meddelande hos generaldirektören för Förenta nationernas organisation för uppfostran, vetenskap och kultur (UNESCO) om att landet betraktar sig som ett utvecklingsland. Förordning (*2008:851*).

9 § Bestämmelserna i 6-8 §§ ska tillämpas också i fråga om rätten till fotografisk bild enligt upphovsrättslagen. Förordning (*2008:851*).

Verk av Förenta nationerna m. m.

10 § Bestämmelserna om upphovsrätt och rätt till fotografisk bild i upphovsrättslagen skall tillämpas på
1. verk och fotografiska bilder som först har getts ut av Förenta nationerna, något av Förenta nationernas fackorgan eller Organisationen av amerikanska stater, och
2. outgivna verk och fotografiska bilder som någon av dessa organisationer får ge ut.

Vad som sägs i första stycket gäller inte bestämmelserna i 26 n-26 p och 44 a §§ upphovsrättslagen. Förordning (*2008:851*).

Romkonventionen

11 § Bestämmelserna i 45 § upphovsrättslagen och till denna anslutande bestämmelser i lagen i övrigt ska tillämpas på
1. framföranden som har gjorts i ett annat land än Sverige vilket är anslutet till internationella konventionen den 26 oktober 1961 om skydd för utövande konstnärer, framställare av fono-

gram och radioföretag (Romkonventionen),
2. framföranden i en ljudupptagning, om ljudupptagningen har gjorts i ett konventionsland,
3. framföranden i en ljudupptagning vars framställare är medborgare eller har sin vanliga vistelseort i eller är en juridisk person från ett konventionsland, och
4. framföranden som inte har tagits upp på en anordning genom vilken framförandet kan återges och som ingår i en ljudradio- eller televisionsutsändning som sänds från ett konventionsland eller av ett radio- eller televisionsföretag som har sitt säte i ett konventionsland.

Det som sägs i första stycket gäller dock inte bestämmelserna om tillgängliggörande för allmänheten av upptagningar i 45 § första stycket 3 upphovsrättslagen. Förordning (*2008:851*).

12 § Bestämmelserna i 48 § upphovsrättslagen och till denna anslutande bestämmelser i lagen i övrigt ska tillämpas på
1. ljudradio- och televisionsutsändningar som har gjorts i ett annat land än Sverige vilket är anslutet till Romkonventionen, och
2. utsändningar av radio- eller televisionsföretag som har sitt säte i ett konventionsland.

Det som sägs i första stycket gäller dock inte bestämmelserna om spridning till allmänheten i 48 § första stycket 3 samt om överföring av upptagna utsändningar i 48 § första stycket 5 upphovsrättslagen. Förordning (*2008:851*).

13 § En framställare av en ljudupptagning och de utövande konstnärer vars framförande finns på en sådan ska ha rätt till ersättning på motsvarande sätt som anges i 47 § andra-fjärde styckena upphovsrättslagen, om

1. ljudupptagningen har gjorts i ett annat land än Sverige och det landet är anslutet till Romkonventionen, eller
2. framställaren är medborgare eller har sin vanliga vistelseort i eller är en juridisk person från ett konventionsland.

Rätten till ersättning enligt första stycket gäller endast om ljudupptagningen används
1. vid en ljudradio- eller televisionsutsändning,
2. vid annan överföring till allmänheten, eller
3. vid ett offentligt framförande.

Rätten till ersättning enligt första och andra stycket gäller inte ljudfilm.

Bestämmelserna i 45 § tredje stycket och 46 § tredje stycket upphovsrättslagen ska tillämpas på rätten till ersättning enligt första och andra stycket.

Rätten till ersättning enligt första och andra stycket gäller endast i den omfattning och under den tid som det andra landet ger en rätt till ersättning för användning av ljudupptagningar med anknytning till Sverige. Den omständigheten att landet i fråga endast ger rätt till ersättning till antingen framställaren eller de utövande konstnärer vars framförande finns på ljudupptagningen, ska dock inte påverka rätten till ersättning. Förordning (*2008:851*).

14 § Rättigheterna enligt 11 § första stycket 1 och 2 samt 12 § första stycket 1 ska inte gälla när skyddstiden har gått ut i det land där framförandet, ljudupptagningen eller utsändningen gjordes. Rättigheterna enligt 11 § första stycket 3 ska inte gälla när skyddstiden i det land som framställaren är medborgare el-

ler har sin vanliga vistelseort i eller är en juridisk person från har gått ut. I fråga om framföranden och utsändningar som skyddas enligt 11 § första stycket 4 eller 12 § första stycket 2 ska skyddet inte gälla när skyddstiden i det land där företaget har sitt säte har gått ut. Förordning (*2008:851*).

Den Europeiska televisionsöverenskommelsen

15 § Bestämmelserna i 48 § upphovsrättslagen och till denna anslutande bestämmelser i lagen i övrigt ska tillämpas på televisionsutsändningar som görs i ett annat land än Sverige vilket är anslutet till europeiska överenskommelsen den 22 juni 1960 om skydd för televisionsutsändningar samt tilläggsprotokoll den 22 januari 1965 och den 21 mars 1983. Bestämmelserna ska också tillämpas på utsändningar av televisionsföretag som har sitt säte i ett sådant land.

Det som sägs i första stycket gäller dock inte bestämmelserna om spridning till allmänheten i 48 § första stycket 3 upphovsrättslagen.

Skyddet enligt första stycket ska inte gälla när skyddstiden har gått ut i det land där utsändningen ägde rum eller televisionsföretaget har sitt säte.

I fråga om televisionsutsändningar från Storbritannien ska rätten till upptagning av en utsändning på en anordning genom vilken den kan återges och rätten till exemplarframställning av en upptagning av utsändningen inte gälla upptagning av stillbilder genom fotografi och framställning av exemplar av sådana bilder. Förordning (*2008:851*).

Avtalet om handelsrelaterade aspekter av immaterialrätter

16 § Bestämmelserna om upphovsrätt i upphovsrättslagen skall tillämpas på verk av den som är medborgare eller har sin vanliga vistelseort i ett annat land än Sverige som är anslutet till Världshandelsorganisationen och därmed har godkänt avtalet om handelsrelaterade aspekter av immaterialrätter (ett WTO- land).

Bestämmelserna i 26 n-26 p §§ upphovsrättslagen skall tillämpas på verk av den som är medborgare eller har sin vanliga vistelseort i ett WTO-land, om det andra landet har genomfört en sådan ersättningsordning som avses i artikel 14 ter i Bernkonventionen för skydd av litterära och konstnärliga verk.

Vad som sägs i första stycket gäller inte bestämmelserna i 44 a § upphovsrättslagen. Förordning (*2008:851*).

17 § Bestämmelserna i 3 § skall tillämpas även på verk av den som är medborgare eller har sin vanliga vistelseort i ett WTO-land.

Bestämmelserna i 4 § skall tillämpas även i fråga om ett avtal om bidrag till ett filmverk av den som är medborgare eller har sin vanliga vistelseort i ett WTO-land. Förordning (*2008:851*).

18 § Bestämmelserna i 45 § upphovsrättslagen och till paragrafen anslut-ande bestämmelser i lagen i övrigt ska tillämpas på ett framförande av den som är medborgare i ett WTO-land, dock endast när det gäller
1. upptagning av framförandet på ljudanordning genom vilken det kan återges,
2. trådlös utsändning av framförandet i ljudradio eller television eller tillgängliggörande för allmänheten av framförandet genom direkt överföring,

3. exemplarframställning av upptagningar av utsändningen, och
4. tillgängliggörande för allmänheten av framförandet genom uthyrning av ljudupptagningar. Förordning (*2008:851*).

19 § Bestämmelserna i 46 § upphovsrättslagen och till paragrafen anslutande bestämmelser i lagen i övrigt skall tillämpas på ljudupptagningar vars framställare är medborgare i ett WTO-land eller juridisk person från ett WTO-land såvitt avser tillgängliggörande för allmänheten genom uthyrning. Förordning (*2008:851*).

20 § Bestämmelserna i 48 § upphovsrättslagen och till paragrafen anslutande bestämmelser i lagen i övrigt ska tillämpas på utsändningar av radio- eller televisionsföretag som har säte i ett WTO-land, dock endast när det gäller
1. upptagning av utsändningar på anordningar genom vilka de kan återges,
2. trådlös återutsändning av utsändningar,
3. återgivning för allmänheten av televisionsutsändningar på platser där allmänheten har tillträde mot inträdesavgift,
4. exemplarframställning av upptagningar av utsändningen, och
5. spridning till allmänheten av ljudupptagningar genom uthyrning. Förordning (*2008:851*).

WIPO-fördraget om upphovsrätt

21 § Bestämmelserna om upphovsrätt samt bestämmelserna om skydd för tekniska åtgärder och för elektronisk information om rättighetsförvaltning i upphovsrättslagen ska tillämpas på
1. verk av den som är medborgare eller har sin vanliga vistelseort i ett annat land än Sverige vilket är anslutet till WIPO-fördraget om upphovsrätt, antaget den 20 december 1996,
2. verk som först har getts ut i ett annat fördragsland än Sverige,

3. verk som först har getts ut i ett land som inte är fördragsland och därefter inom trettio dagar i ett fördragsland,
4. filmverk vars producent har sitt säte eller sin vanliga vistelseort i ett annat fördragsland än Sverige,
5. byggnadsverk som är uppförda i ett annat fördragsland än Sverige, och
6. verk av grafisk eller plastisk konst som utgör del av en byggnad som är uppförd i ett annat fördragsland än Sverige eller som på något annat sätt är fast förenade med marken i ett sådant fördragsland.

Vid tillämpningen av första stycket 4 anses den vars namn på sedvanligt sätt har satts ut på exemplar av filmverket som dess producent, om inte något annat visas.

Bestämmelserna i 26 n-26 p §§ upphovsrättslagen ska tillämpas på verk av den som är medborgare eller har sin vanliga vistelseort i ett annat fördragsland än Sverige, om det andra fördragslandet har genomfört en sådan ersättningsordning som avses i artikel 14 ter i Bernkonventionen för skydd av litterära och konstnärliga verk.

Det som sägs i första stycket gäller inte bestämmelserna i 44 a § upphovsrättslagen. Förordning (*2008:851*).

22 § Bestämmelserna i 3 § ska tillämpas även på verk av den som är medborgare eller har sin vanliga vistelseort i ett annat land än Sverige vilket är anslutet till WIPO-fördraget om upphovsrätt.

Bestämmelserna i 4 § ska tillämpas även i fråga om ett avtal om bidrag till ett filmverk av den som är medborgare eller har sin vanliga vistelseort i ett fördragsland. Förordning (*2008:851*).

23 § Bestämmelserna i 21 och 22 §§ ska tillämpas också i fråga om rätten till fotografisk bild enligt upphovsrättslagen. Förordning (*2008:851*).

WIPO-fördraget om framföranden och fonogram

24 § Bestämmelserna i 45 § upphovsrättslagen och till denna anslutande bestämmelser i lagen i övrigt ska tillämpas på
1. framföranden som har gjorts i ett annat land än Sverige vilket är anslutet till WIPO-fördraget om framföranden och fonogram, antaget den 20 december 1996,
2. framföranden i en ljudupptagning, om ljudupptagningen har gjorts i ett fördragsland,
3. framföranden i en ljudupptagning vars framställare är medborgare eller har sin vanliga vistelseort i eller är en juridisk person från ett fördragsland, och
4. framföranden som inte har tagits upp på en anordning genom vilken framförandet kan återges och som ingår i en ljudradio- eller televisionsutsändning av ett radio- eller televisionsföretag som har sitt säte i ett fördragsland.

Det som sägs i första stycket gäller dock inte bestämmelserna om tillgängliggörande för allmänheten av upptagningar i 45 § första stycket 3 upphovsrättslagen utom när det är fråga om
1. spridning i form av överlåtelse eller uthyrning av en ljudupptagning, eller
2. överföring till allmänheten som sker på ett sådant sätt att enskilda kan få tillgång till en ljudupptagning av ett framförande från en plats och vid en tidpunkt som de själva väljer. Förordning (*2008:851*).

25 § Bestämmelserna i 46 § upphovsrättslagen och till denna anslutande bestämmelser i lagen i övrigt ska, utöver vad som följer

av 61 § upphovsrättslagen, tillämpas på
1. ljudupptagningar som har gjorts i ett annat land än Sverige vilket är anslutet till WIPO-fördraget om framföranden och fonogram, och
2. ljudupptagningar vars framställare är medborgare eller har sin vanliga vistelseort i eller är en juridisk person från ett fördragsland.

Det som sägs i första stycket gäller dock inte bestämmelserna om tillgängliggörande för allmänheten i 46 § första stycket 2 upphovsrättslagen utom när det är fråga om
1. spridning i form av överlåtelse eller uthyrning av en ljudupptagning, eller
2. överföring till allmänheten som sker på ett sådant sätt att enskilda kan få tillgång till en ljudupptagning från en plats och vid en tidpunkt som de själva väljer. Förordning (*2008:851*).

26 § En framställare av en ljudupptagning och de utövande konstnärer vars framförande finns på en sådan ska ha rätt till ersättning på motsvarande sätt som anges i 47 § andra-fjärde styckena upphovsrättslagen, om
1. ljudupptagningen har gjorts i ett annat land än Sverige och det landet är anslutet till WIPO-fördraget om framföranden och fonogram, eller
2. framställaren är medborgare eller har sin vanliga vistelseort i eller är en juridisk person från ett fördragsland.

Rätten till ersättning enligt första stycket gäller endast om ljudupptagningen används
1. vid en ljudradio- eller televisionsutsändning,
2. vid annan överföring till allmänheten utom i fall då överföringen sker på ett sådant sätt att enskilda kan få tillgång till ljud-

upptagningen från en plats och vid en tidpunkt som de själva väljer, eller
3. vid ett offentligt framförande.

Rätten till ersättning enligt första och andra stycket gäller inte ljudfilm.

Bestämmelserna i 45 § tredje stycket och 46 § tredje stycket upphovsrättslagen ska tillämpas på rätten till ersättning enligt första och andra stycket.

Rätten till ersättning enligt första och andra stycket gäller endast i den omfattning och under den tid som det andra landet ger en rätt till ersättning för användning av ljudupptagningar med anknytning till Sverige. Förordning (*2008:851*).

Ersättning vid tillverkning och införsel av anordningar för ljud- eller bildupptagningar

27 § Bestämmelserna i 26 k-26 m §§ upphovsrättslagen skall, under de förutsättningar som anges i andra stycket, tillämpas på
1. verk av den som är medborgare eller har sin vanliga vistelseort i ett annat land än Sverige, och
2. filmverk vars producent har sitt säte eller sin vanliga vistelseort i ett annat land än Sverige.

Bestämmelserna i första stycket gäller endast om det andra landet har genomfört en ersättningsordning för anordningar på vilka ljud eller rörliga bilder kan tas upp, vilken ger motsvarande möjlighet till ersättning för svenska rättighetshavare. De skall inte tillämpas om skyddstiden för verket har löpt ut i rättighetshavarens hemland. Förordning (*2006:10*).

28 § Bestämmelserna i 45 och 46 §§ upphovsrättslagen skall när det gäller hänvisningarna till 26 k-26 m §§ samma lag, under de förutsättningar som anges i andra stycket, tillämpas på
1. framföranden av den som är medborgare i ett annat land än Sverige, och
2. upptagningar av ljud eller rörliga bilder vars framställare är medborgare eller har sin vanliga vistelseort i ett annat land än Sverige eller är en juridisk person från ett annat land.

Bestämmelserna i första stycket gäller endast om det andra landet har genomfört en ersättningsordning för anordningar på vilka ljud eller rörliga bilder kan tas upp, vilken ger motsvarande möjlighet till ersättning för svenska rättighetshavare. De skall inte tillämpas om skyddstiden för framförandet eller upptagningen har löpt ut i rättighetshavarens hemland. Förordning (*2006:10*).

Kompletterande bestämmelser om ersättning vid vidareförsäljning av originalkonstverk (följerätt)

29 § Bestämmelserna i 26 n-26 p §§ upphovsrättslagen skall, utöver vad som i övrigt gäller enligt denna förordning, tillämpas på verk av den som är medborgare i ett annat land än Sverige, om det andra landet har genomfört en sådan ersättningsordning som avses i artikel 14 ter i Bernkonventionen för skydd av litterära och konstnärliga verk och ger svenska rättighetshavare rätt till ersättning enligt denna.

Bestämmelserna skall inte tillämpas om skyddstiden för verket har löpt ut i rättighetshavarens hemland. Förordning (*2007:520*).

Framställare av kataloger m.m.

30 § Bestämmelserna i 49 § upphovsrättslagen och till paragrafen anslutande bestämmelser i lagen i övrigt skall, utöver vad som följer av 1 § andra stycket, tillämpas på arbeten vars framställare har sin vanliga vistelseort i ett EES-land. Bestämmelserna skall tillämpas även på arbeten vars framställare är juridisk person från ett EES-land och har sitt säte, sitt huvudkontor eller sin huvudsakliga verksamhet i ett EES-land. Om den juridiska personen har sitt säte i ett EES- land men inte sitt huvudkontor eller sin huvudsakliga verksamhet där, skall bestämmelserna dock tillämpas endast om arbetet ingår i en ekonomisk verksamhet som har etablerats i ett EES-land.

Detta tillämpas också på arbeten vars framställare har motsvarande anknytning till Isle of Man. Förordning (*2008:851*).

Tillämpning av det internationella skyddet i tiden

31 § Bestämmelserna i 2-9, 16, 17 och 21-23 §§ gäller även verk som har kommit till före den dag då landet blev medlem av Bernunionen, bundet av världskonventionen, anslutet till Världshandelsorganisationen eller anslutet till WIPO-fördraget om upphovsrätt.

Exemplar av verk som har framställts före den dag som avses i första stycket får fritt spridas och visas. Bestämmelserna om uthyrning och utlåning i 19 § upphovsrättslagen tillämpas dock också på sådana exemplar.

Trycksatser, klichéer, formar och andra hjälpmedel som för mångfaldigande av ett visst verk har framställts före den dagen får användas för sitt ändamål under två år och sex månader från den dagen. I fråga om exemplar som har framställts med stöd av denna bestämmelse ska bestämmelserna i andra stycket tillämpas. Förordning (*2008:851*).

32 § Bestämmelserna i 31 § tillämpas också på rättigheter som skyddas på grund av 5, 9, 11-15, 17-20 och 24-26 §§. Förordning (*2008:851*).

Övergångsbestämmelser

1994:193

Denna förordning träder i kraft den 1 juli 1994, då förordningen (1973:529) om tillämpning av lagen (1960:729) om upphovsrätt till litterära och konstnärliga verk och lagen (1960:730) om rätt till fotografisk bild med avseende på andra länder och områden m. m. skall upphöra att gälla.

Liten svensk – engelsk ordlista

artist	performing artist
arrangör	arranger
avräkning	distribution
avtalslicens	extended collective agreement
bearbetare	arranger/adapter
bearbetning	adaptation
bakgrundsmusik	background music
citat	quotation
ensamrätt	exclusive right
ersättningsrätt	right to remuneration
exemplar	copy, copies
exemplarframställning	reproduction
filmverk	film work
folkmusik	folklore, folk music
fonogram	phonogram, sound recording
framföranderätt	performing right
fördelningsregler	distribution rules
förfoganderätt	right to authorize and prohibit
förlagsavtal	publishing agreement
gemensam upphovsrätt	joint authorship
grammofonskiva	record
ideell rätt	moral right
inskränkningar i upphovsrätten	limitations/exemptions
inspelning/upptagning	fixation
konstnärligt verk	artistic work
kopiera	reproduce / copy

litterärt verk	litterary work
mekaniska rättigheter	mechanical rights
musikförlag	music publisher
namnangivelserätt	credit
nationellt behandling	national treatment
närstående rättigheter	neighbouring rights
piratkopiering	piracy
privat bruk	private use
offentliggörande	make availiable to the public
offentligt framförande	public performance
plagiat	plagiarism
radioutsändning	broadcast
rättighetsförvaltning	administration of rights
rättighetshavare	owner of copyright, right holder
sekundäranvändning	secondary use
skadestånd	damages
skyddstid	term of protection
spridningsrätt	right of distribution
stora rättigheter	grand rights
tillfälliga exemplar	transitory fixation/copy, temporary fixation
titel	title
tvångslicens	compulsory license
upphovsman	writer, author
upphovsrätt	copyright, authors rights
utgivning	publication
utövande konstnär	performing artist
verk	work
ömsesidighetsavtal	reciprocal agreement
överlåtelse	transfer alt. assignment of rights
översättning	translation

Lästips

S Bergström, *Lärobok i upphovsrätt*, Uppsala 1994

U Bernitz, G Karnell, L Pehrson, C Sandgren, *Immaterialrätt*, 2013

J Gehlin, *Upphovsrätt för författare*, 1983

M Levin, *Lärobok i immaterialrätt*, 2011

H Olsson, *Upphovsrättslagstiftningen*, 2009

Copyright, svensk och internationell upphovsrätt, 2009

J Rosén, *Förlagsrätt. Rättsfrågor vid förlagsavtal*, 1989

Upphovsrättens avtal, 2006

H Stannow, H Hillerström, *Musikjuridik, rättigheter och avtal på musikområdet*, 2010

S Tengelin, L Pehrson, H Stannow, C A Svensson, *Rätt i medieproduktion* 1996

För den historiskt intresserade:

G Petri, *Rätten till menuetten,* 2000

G Petri, *Författarrättens genombrott,* 2008

G Petri, *Svensk upphovsrättshistoria,* 2013

Sakregister

www.ingramcontent.com/pod-product-compliance
Ingram Content Group UK Ltd.
Pitfield, Milton Keynes, MK11 3LW, UK
UKHW041841190726
13854UKWH00002B/658

9 789170 401213